## AUTORI

**Francesco Mattesini,** nato ad Arezzo (Italia) il 14 aprile 1936. Trasferitosi a Roma nel luglio 1951. A prestato servizio, come dipendente civile, allo Stato Maggiore dell'Esercito, 4° Reparto, dal 1959 al 2000. Collaboratore degli Uffici Storici della Marina Militare e dell'Ufficio Storico dell'Aeronautica, per i quali a prodotto 20 libri e circa 60 saggi. Mattesini è uno degli storici più preparati e apprezzati d'Italia specialmente sulla seconda guerra mondiale. I suoi volumi sono il frutto di un approccio scientifico alla materia, ricerca ricerca e ancora ricerca. Già autore di punta dell'Ufficio Storico della Marina, Mattesini insieme al compianto Prof. Alberto Santoni sono certamente tra i migliori in assoluto.

**Francesco Mattesini,** born in Arezzo (Italy) on April 14, 1936. He moved to Rome in July 1951. He served, as civilian employee, at the Italian Army General Staff, 4th Department, from 1959 to 2000. Collaborator of the Historical Offices of the Italian Military Navy and the Air Force Historical Office, for which 20 books and about 6'0 essays were produced. He is currently retired, always living in Rome. Mattesini is one of the most prepared and appreciated historians in Italy especially on the Second World War. His volumes are the result of a scientific approach to matter, research research and more research. Already the leading author of the Historical Office of the Navy, Mattesini together with the late Prof. Alberto Santoni are certainly among the best ever.

## PUBLISHING'S NOTES

None of unpublished images or text of our book may be reproduced in any format without the expressed written permission of Luca Cristini Editore (already Soldiershop.com) when not indicate as marked with license creative commons 3.0 or 4.0. Luca Cristini Editore has made every reasonable effort to locate, contact and acknowledge rights holders and to correctly apply terms and conditions to Content.
Every effort has been made to trace the copyright of all the photographs. If there are unintentional omissions, please contact the publisher in writing at: info@soldiershop.com, who will correct all subsequent editions.
Our trademark: Luca Cristini Editore@, and the names of our series & brand: Soldiershop, Witness to war, Museum book, Bookmoon, Soldiers&Weapons, Battlefield, War in colour, Historical Biographies, Darwin's view, Fabula, Altrastoria, Italia Storica Ebook, Witness To History, Soldiers, Weapons & Uniforms, Storia etc. are herein @ by Luca Cristini Editore.

## LICENSES COMMONS

This book may utilize part of material marked with license creative commons 3.0 or 4.0 (CC BY 4.0), (CC BY-ND 4.0), (CC BY-SA 4.0) or (CC0 1.0). We give appropriate attribution credit and indicate if change were made in the acknowledgments field. Our WTW books series utilize only fonts licensed under the SIL Open Font License or other free use license.

For a complete list of Soldiershop titles please contact Luca Cristini Editore on our website: www.soldiershop.com or www.cristinieditore.com. E-mail: info@soldiershop.com

Titolo: **LA DECISIONE DI MUSSOLINI DI OCCUPARE LA GRECIA** Code.: **WTW-013** Di Francesco Mattesini.
ISBN code: 978-88-93275781 prima edizione maggio 2020 (ebook ISBN 9788893275798)
Lingua: Italiano Nr. di immagini: 96 dimensione: 177,8x254mm Cover & Art Design: Luca S. Cristini

**WITNESS TO WAR (SOLDIERSHOP)** is a trademark of Luca Cristini Editore, via Orio, 35/4 - 24050 Zanica (BG) ITALY.

**WITNESS TO WAR**

# LA DECISIONE DI MUSSOLINI DI OCCUPARE LA GRECIA

## LA TRAGEDIA DELLE FORZE ARMATE ITALIANE E L'AIUTO DELLA GERMANIA OTTOBRE 1940 - APRILE 1941

PHOTOS & IMAGES FROM WORLD WARTIME ARCHIVES

**FRANCESCO MATTESINI**

BOOKS TO COLLECT

# INDICE

La prepaparazione e l'attacco alla Grecia    pag. 5

L'aiuto della Germania   pag. 33

Serie di foto sulla campagna di Grecia    pag. 84

Bibliografia pag. 98

▲ Festeggiamenti in un campo di aviazione per la capitolazione della Grecia nella primavera 1941

# LA PREPARAZIONE E L'ATTACCO ALLA GRECIA

Alla fine del 1940 i fronti militari italiani, di terra, di cielo e di mare, attraversavano un periodo di grande crisi, perché il nemico, allora rappresentato dall'Impero britannico e dalla Grecia, era ovunque all'offensiva, ed aveva inflitto al membro meridionale dell'Asse europeo una serie impressionante di sconfitte.

In tale situazione il Capo del Governo italiano, Benito Mussolini, temendo di dover chiedere perfino un armistizio alla Grecia che aveva aggredito, era stato costretto ad invocare, fin dall'inizio di novembre del 1940, l'aiuto della Germania. Aiuto che, mettendo fine all'assurda formula della guerra parallela, era stato accordato da Adolf Hitler. Ma vediamo come si svolsero gli avvenimenti che portarono l'Italia in quella penosa situazione, iniziando con quanto scrisse lo storico statunitense Hanson Weightman Baldwin (1903-1991), editore del New York Times e vincitore di un premio Pulitzer:[1]

*Il 29 luglio 1940 il generale Alfred Jodl, Capo del Reparto operativo dell' Alto Comando delle Forze Armate germaniche (Oberkommando der Wehrmacht - OKW), aveva portato a conoscenza di quattro membri del suo Stato Maggiore l'intenzione del Führer di sbarazzarsi al più presto dell'Unione Sovietica. La prima direttiva, che prevedeva l'inizio dell'operazione, denominata "Barbarossa", per il mese di maggio 1941, fu stilata nell'agosto 1940, e la pianificazione, di quella che era considerato uno scontro tra "due opposte ideologie", continuò fino al 18 dicembre, quando Hitler emanò la sua famosa Direttiva n. 21, che fissava gli intendimenti a cui gli Stati Maggiori delle Forze Armate germaniche dovevano uniformare i loro piani d'impiego, in modo che tutto fosse pronto per il 15 maggio 1941.*

Ma il Führer non aveva fatto i conti con la suscettibilità e l'arroganza di Mussolini. Nell'estate del 1940 i Sovietici occuparono la regione rumena della Bessarabia, e ciò costituì per Hitler una serie preoccupazione per le forniture petrolifere che provenivano dalla zona di Ploesti. [2] Poiché l'iniziativa di Mosca

---

[1] H. W. Baldwin, Battaglie vinte e perdute 1939-1941: La campagna di Polonia, La battaglia d'Inghilterra, L'invasione di Creta, Milano, Mondatori, 1971. p. 119

[2] A Palmer, nel suo articolo *Operazione punitiva*, in *Storia della seconda guerra mondiale*, Milano, Rizzoli-Purnell 1967, p. 18 e p. 28, esaminando le rivendicazioni territoriali dei vari stati balcanici sostiene che Hitler, per mantenere sicuri i giacimenti petroliferi di Ploesti, era riuscito abilmente ad evitare, fino a quel momento, conflitti locali. Egli face accettare ai rumeni l'ultimatum di Mosca del 26 giugno 1940 per la "cessione immediata della Bessarabia e la metà settentrionale dell'ex provincia absburgica della Bucovina, la cui popolazione era etnicamente affine agli ucraini". Quindi e tenne a bada l'Ungheria e la Bulgaria, che rivendicavano al Governo di Bucarest la restituzione della Transilvania e della Dobrugia, perdite in seguito al trattato di pace seguito alla prima guerra mondiale. In una conferenza tenuta a Vienna alla fine di agosto, con l'appoggio dell'Italia, furono imposti alla Romania nuovi confini, che in gran parte soddisfecero le richieste della Bulgaria. Quanto all'Ungheria, con accordo separato siglato a Craiova il 7 settembre, ebbe restituita la Dobrugia, regione ricca di cereali. Questi accomodamenti ebbero un grande peso politico, perché facendo della Germania l'arbitro dell'Europa danubiana, portarono poi la Romania,

avveniva nel momento stesso in cui si stava realizzando il piano "Barbarossa", le pressioni di Berlino indussero il Re Carol II, inviso ai tedeschi che lo consideravano troppo filo occidentale, ad abdicare il 6 settembre in favore del figlio diciannovenne Michele, e a delegare il suo potere dittatoriale ad un fervente ammiratore di Hitler, il generale Ion Antonescu. Quindi, Carol partì in treno per il Portogallo assieme ad alcuni membri del suo seguito, compresa l'amante ebrea Magda Lupescu.

Adolf Hitler osserva sulla carta con i suoi più diretti collaboratori i piani per l'Operazione "Barbarossa", l'attacco all'Unione Sovietica. Il terzo da destra e il feldmaresciallo Keitel Capo dell'OKW, a sinistra di Hitler il generale Jodl Capo di Stato Maggiore dell'OKW.

Il generale Antonescu, che avrebbe governato la Romania con il pugno di ferro, subito dopo l'ascesa al potere richiese truppe tedesche, per garantirsi da un nuovo intervento sovietico. Il Führer acconsentì con entusiasmo, inviando alcuni reparti

---

l'Ungheria e la Bulgaria ad aderire al Patto Tripartito, costituendo con ciò quel trampolino di lancio che poi avrebbe permesso ad Hitler ad attaccare la Russia lungo tutto il confine orientale. Ma questo piano non avrebbe potuto realizzarsi se prima non fossero stati risolti anche i contenziosi con la Grecia e, soprattutto, con la Jugoslavia, che nella guerra alla Russia poteva rappresentare una intollerabile minaccia sul fianco delle comunicazioni tedesche. Non era per il Führer un compito facile, perché doveva neutralizzare le bellicose intenzioni dell'Italia, che oltre al suo contenzioso con la Grecia anche contro la Jugoslavia continuava a mantenere un atteggiamento politico-militare minaccioso, determinato dalla delusione subita nel 1919, nella conferenza di pace di Parigi, in cui non le erano state assegnate le coste dalmate, da Roma rivendicate.

contraerei e terrestri, inclusi la 13ª Divisione Panzer e il 3° Reggimento corazzato della 2ª Panzer.³

Il generale Mikai Antonescu.

Avendo saputo soltanto per mezzo della stampa di questi movimenti di truppe tedesche, Mussolini si sentì scavalcato da Hitler. Indispettito, e mal consigliato dal genero e Ministro degli Esteri, conte Galeazzo Ciano, si arrabbiò moltissimo e decise di ricambiare il dittatore tedesco con la stessa moneta, affrettando i preparativi per la guerra alla Grecia, i cui primi piani risalivano all'agosto 1940.⁴ Occorre *"ristabilire l'equilibrio"*, disse il Duce a Ciano il 12 ottobre. E specificò: *"Hitler mi mette sempre di fronte al fatto compiuto. Questa volta lo pago della stessa moneta: saprà dai giornali che ho occupato la Grecia. Così l'equilibrio verrà ristabilito"*.⁵

Questa sciagurata iniziativa aveva radici ben più profonde di un semplice contrasto con Hitler, ma risaliva alla rivalità italo-tedesca nei Balcani e all'invidia di Mussolini per le vittorie tedesche nell'Europa occidentale, a cui faceva riscontro la delusione degli italiani per il magro bottino ricevuto con quella che è stata definita la

³ Ibidem, p. 126; Storia del nazismo. La conquista dei Balcani, a cura dei redattori del Time-Life Books, Presso (Milano), Hobby & Work, 1998, p. 13-14.

⁴ Francesco Mattesini, *Corrispondenza e Direttive tecnico-operative di Supermarina*, Ufficio Storico della Marina Militare (da ora in poi USMM), Volume primo - II Tomo, Roma 2000.

⁵ G. Ciano, Diario 1937-1943, Rizzoli, Milano, 1980, p. 470.

pugnalata alla schiena della Francia, attaccata nel giugno 1940 sul fronte delle Alpi quando si trovava ormai sull'orlo della sconfitta. Non avendo l'Italia ottenuto, con il consenso della Germania, il possesso della Tunisia e della Corsica, Mussolini ricercò un facile successo contro la Grecia. In questa decisione il Duce fu irremovibile. Fiducioso che l'operazione si sarebbe risolta in una passeggiata, il 15 ottobre discusse il piano di guerra con i suoi generali nella famosa riunione di Palazzo Venezia; e non dette peso alle lamentele di impreparazione da parte del maresciallo d'Italia Pietro Badoglio, Capo di Stato Maggiore Generale (Comando Supremo) che, saggiamente, riteneva insensato di attaccare con forze inadeguate in Epiro nella stagione autunnale, e dannosa per le deboli Forze Armate italiane un'estensione del conflitto, che si stava combattendo in Egitto e in Africa Orientale.

A destra il maresciallo d'Italia Pietro Badoglio con Benito Mussolini.

In precedenza, il 4 ottobre, Hitler recatosi al Brennero era riuscito a convincere il Duce a non invadere la Jugoslavia e la Grecia. La nuova iniziativa di Mussolini, arrivò al Führer il 25 ottobre per lettera spedita dal Duce il 23. In essa, tra molti argomenti di natura politico-militare, si affermava: "*riguardo alla Grecia, sono deciso a por fine agli indugi e assai presto*". Questa frase fu inizialmente considerata da Hitler come una spacconata. Ma quando poi, sempre nel corso della giornata del 25 ottobre, seppe dei preparativi delle truppe italiane in Albania, e considerò che il debole alleato mediterraneo si apprestava ad iniziare una guerra sulle difficili montagne dell'Epiro in pieno autunno, il Führer restò dapprima allibito e incredulo, per poi preoccuparsi seriamente.

Albania, ottobre 1940. Gli Alpini della Divisione Julia in trasferimento sul confine della Grecia.

Hitler si trovava in Francia, dove si era recato per conferire con il Capo della Spagna, generalissimo Francisco Franco, a Hemdaye al confine spagnolo, e l'indomani a Montoire con il rappresentante del regime di Vichy, maresciallo di Francia Petain. Gli argomenti trattati rientrava nel tentativo di attirare il Governo del maresciallo Philippe Pétain nella lotta contro la Gran Bretagna, e per superare le difficoltà opposte dalla Spagna, ed anche del Portogallo, nella progettata conquista di Gibilterra (operazione "Felix"), che avrebbe dovuto permettere ai tedeschi di estromettere la Royal Navy dal Mediterraneo occidentale, e per insediarsi nelle isole Canarie e del Capo Verde, strategicamente importanti per la battaglia dell'Atlantico.

Prima di rientrare a Berlino Hitler ordinò una deviazione di percorso, recandosi a Firenze per un colloquio chiarificatore con Mussolini. Ma quando, il mattino del 28 ottobre, il Führer arrivò in treno alla stazione della città toscana, l'attacco alla Grecia era già iniziato con l'avanzata delle truppe italiane.

Pertanto il pur cordiale colloquio con il Duce lasciò nell'animo del dittatore tedesco un'infinita delusione e tanto gelo, perché l'iniziativa di Mussolini fu considerata, giustamente, dal Führer "*un'enorme sbaglio*"[6], che metteva nei guai anche la Germania, e creava "*all'Asse gravi complicazioni politiche*".[7]

---

[6] *Ibidem*, p. 15.

[7] R. De Felice, *Mussolini l'alleato. L'Italia in guerra 1940-1943. Dalla guerra breve alla guerra lunga*, Torino, Enaudi, 1990, p. 307.

23 ottobre 1940. L'incontro di Hitler con il generalissimo Francisco Franco ad Eemdaye, nel Sud della Francia.

24 ottobre 1940. L'incontro a Montoire di Hitler con il Capo della Francia di Vichy maresciallo Pétain.

28 ottobre 1940. Mussolini accoglie Hitler alla stazione di Firenze. Il Führer saluta ufficiali tedeschi distaccati in Italia. Il primo a destra è il generale Enno von Rintelen, rappresentante dell'OKW a Roma.

Firenze, 28 ottobre 1940. In un atmosfera di freddezza e preoccupazione l'incontro tra Hitler e Mussolini per discutere sull'intervento italiano in Grecia, che ebbe inizio quello stesso giorno. Presenti, da sinistra, i ministri degli esteri dell'Italia e della Germania Galeazzo Ciano e Joachim von Ribbentrop.

Gli italiani, al comando del generale Visconti Prasca, sottovalutando la forza e il morale dei Greci, attaccarono con forze insufficienti (poco più di 8 divisioni) il mattino del 28 ottobre del 1940 sul fronte dell'Epiro. Ma la loro avanzata, su obiettivi prevedibili e quindi fortemente minati e rinforzati dall'avversario, fu frenata dalle piogge torrenziali e dal fango, e poi dallo sfondamento del fronte da parte dei greci. Ne conseguì che gli italiani subirono una cocente sconfitta, che ai primi di novembre li costrinse a ritirarsi in Albania, per poi perdere il 6 dicembre il porto di Santi Quaranta e due giorni dopo Argirocastro, trasformando con ciò un furibondo Mussolini nello *"zimbello del mondo intero"*.[8]

Le direttrici dell'attacco italiano e la controffensiva dei greci che arrivarono a minacciare il porto di Valona (Vlore). Quasi un terzo dell'Albania è conquistato dai greci.

Il Duce, profondamente deluso dal comportamento dei suoi Comandanti e dei loro soldati, che si arrendevano in massa ai male armati ma estremamente motivati soldati ellenici, i quali difendevano con i denti la loro Patria, arrivò perfino a paventare con Ciano l'umiliazione di dover chiedere un armistizio alla Grecia,

---

[8] H. W. Baldwin, *Battaglie vinte e perdute 1939-1941*, cit., p. 122.

tramite Hitler. Questi, da parte sua, forse informato dei timori di Mussolini, pensava di poter chiudere il fuoco che si stava sviluppando nei Balcani, in modo da rendesse superfluo l'intervento della Germania, arrivando ad un negoziato tra italiani e greci. Se questi ultimi si fossero convinti ad allontanare i britannici, sarebbe stato possibile offrire *"un armistizio 'salva faccia' a Mussolini"*.[9] Ma ciò, fortunatamente per il già pessimo prestigio dell'Italia, non si realizzò.

Costretto a combattere sulla difensiva in Albania, per difendersi dalle coraggiose e decise iniziative delle truppe greche che, pur pessimamente equipaggiate e dovendo anche fronteggiare la schiacciante supremazia della Regia Aeronautica, minacciavano addirittura di ricacciare gli italiani in mare, il Duce dovette subire nuove umiliazioni.

Nell'innevato fronte greco - albanese, gli alpini italiani della Divisione Julia, equipaggiati con tute mimetiche bianche e sci.

---

[9] *Storia del nazismo. La conquista dei Balcani*, cit., p. 18. La ricostruzione italiana maggiormente obiettiva della guerra di Grecia, anche dal punto di vista critico, è stata prodotta dal generale Mario Montanari in *L'Esercito italiano nella campagna di Grecia*, Stato Maggiore dell'Esercito Ufficio Storico (da ora in poi SMEUS), Roma, 1991.

Soldati greci sulle montagne dell'Epiro.

Uno dei motivi dei disastri italiani sui fronti di guerra, anzi forse il principale, ricadeva, purtroppo, sullo scarso impegno al combattimento, come all'epoca fu riconosciuto dal Sottosegretario di Stato alla Guerra, nel corso di una riunione tenuta il 28 gennaio, presenti gran parte dei Comandanti di Armata e di Corpo d'Armata dell'Esercito, e della Difesa Territoriale. In tale occasione il generale Antonio Sorice fece una severissima e coraggiosa analisi, sostenendo:[10]

> *In Albania, se vi sono stati atti di eroismo vi sono anche cagioni che giustificano il poco rendimento dei reparti. Impiego irrazionale. Pagine recenti molto tristi sono derivate dal poco entusiasmo degli ufficiali, da poco spirito di sacrificio, da poco coraggio e poco dinamismo. Vi sono stati atti di eroismo, ma anche ufficiali di grado elevato che hanno mancato al loro dovere (generali e colonnelli prigionieri*
> *- altri denunciati - comandante 77° fanteria Prigioniero con 1000 uomini e bandiera e non sente nemmeno l'umiliazione della sua cattura). Dobbiamo sentire la guerra e trasformarla - I comandi diventano troppo cartacei; c'è qualcuno che dice che i comandi sono* <u>deleteri</u>.
> *Una volta gli ufficiali di S.M. giravano sulle posizioni. Occorre che i comandi siano vivificati. Vi sono state perdite inesplicabili e questo nemico che non vale nulla ci infligge umiliazioni e ci fa perdere ogni prestigio militare. E' stato un*

---

[10] SMEUS, fondo *H 10*, cartella n. 1.

*afflosciamento morale. Bisogna riprenderci. Il soldato si batte bene; deve essere bene comandato e allora si trasforma veramente in eroe. Vi sono reparti che si sono fermati solo per pochissime perdite; altri che hanno mancato al loro dovere completamente (Klissura). <u>Si fucila poco</u>* [sottolineato nel testo].

A rendere ancora più preoccupante la situazione militare si verificò che i britannici si installavano subito a Creta, da dove si poteva controllare il Mare Ionio, e a Lemnos ed inviarono forze aeree in Grecia. E ciò avvenne, ad iniziare dal 1° novembre 1940, in base alla richiesta del Governo ellenico e in conformità del trattato stabilito da Londra con Atene nel 1939. Poi, l'11 novembre i vecchi e sgraziati aerosiluranti biplani della portaerei britannica *Illustrious* attaccarono la base navale di Taranto, mettendo fuori combattimento tre delle sei corazzate della flotta italiana (*Littorio, Caio Duilio, Conte di Cavour*), che fu costretta a ritirarsi nei porti del Tirreno, lasciando al nemico il controllo del Mediterraneo centrale, ove passavano le rotte con la Libia.[11]

9 gennaio 1941. Una formazione di bombardieri S. 79 dirige per l'obiettivo assegnato sorvolando le montagne dell'Epiro.

---

[11] Per una esaustiva ricostruzione del disastro di Taranto, vedi: Francesco Mattesini, "La notte di Taranto", in *Bollettino d'Archivio dell'Ufficio Storico della Marina Militare*, Parte 1ª, settembre 1998, p. 45-191, Parte 2ª, dicembre 1998, p. 51-184.

L'elegante immagine di un velivolo Cant. Z. 1007 bis della 190ª Squadriglia dell'86º Gruppo del 35º Stormo Bombardamento Terrestre. Era il miglior bombardiere italiano dell'epoca. Più veloce e moderno dell'S.79, con maggiore autonomia e possibilità di carico bellico, però normalmente limitato a una tonnellata di bombe, mentre invece, per fare un esempio, lo Junker 88 tedesco era in grado di trasportarne due tonnellate.

Nella foto, scattata a Taranto, nel Mar Piccolo, dopo l'attacco dell'11 novembre 1940 da un velivolo da ricognizione Maryland della 431ª Flight (Squadriglia), si riconosce la corazzata Littorio colpita da tre siluri. La nave, che ha tutto il ponte dipinto a strisce trasversali bianche e rosse per l'identificazione da parte degli aerei nazionali, ha la prua immersa ed è circondata da navi ausiliarie fra cui un sommergibile che provvede a fornire l'energia elettrica.

A destra, il generale Archibald Wavell, Comandante in Capo del Medio Oriente, assieme al Comandante dell'8a Armata britannica, generale Claude Auchinleck

14 novembre 1942. Soldati britannici si imbarcano ad Alessandria sull'incrociatore *Gloucester* per trasferirsi nella Baia di Suda, nell'isola di Creta, allo scopo di rinforzarvi il primo nucleo della guarnigione per la difesa difensiva di quell'importante ancoraggio. Sulla catapulta del *Gloucester* è il suo velivolo da ricognizione Walrus.

Ma, il peggio avvenne in Egitto, dove il 9 dicembre le truppe del maresciallo Rodolfo Graziani, scarsamente equipaggiate e peggio ancora motivate e comandate, furono travolte a Sidi el Barrani dalle inferiori, ma meglio armate e organizzate, forze britanniche del generale Archibald Wavel: in tutto circa 31.000 uomini, con 275 carri armati (di cui 72 Matilda, il resto carri leggeri), 60 autoblindo e 120 cannoni. Con una campagna durata appena 62 giorni, che fu appoggiata da un Aviazione inizialmente costituita soltanto da 332 aerei (inferiore anche all'organico esistente nella sola 5ª Squadra Aerea italiana), e dopo aver conquistato Tobruch, le logorate avanguardie delle forze corazzate e motorizzate del generale Richard O'Connor (appena 3.000 uomini con 19 carri armati Matilda e una quarantina di carri leggeri) conquistarono l'intera Cirenaica. Per ultimo accerchiarono, nella Sirte con ampia manovra attraverso il deserto, i resti della 9ª Armata italiana che, in lunghissime colonne di mezzi e di truppe, si stavano ritirando lungo la strada litoranea.

Aggirati dai britannici, tra il 5 e il 7 febbraio 1941 a Beda Fomm, a 50 miglia a sud di Bengasi, gli italiani, sebbene lanciassero all'attacco un centinaio di carri M 13 e M 11 della loro brigata corazzata, non riuscirono a superare l'esiguo ma saldo sbarramento nemico e subirono un'altra durissima disfatta. Furono catturati nella battaglia 27.000 uomini, 117 cannoni, e 124 carri armati, quasi tutti del tipo medio M 13, che poi servirono per equipaggiare una brigata corazzata australiana.

Settembre 1940. L'incrociatore pesante britannico *York* ad Alessandria. Sulla banchina i carri armati giunti in convoglio dalla Gran Bretagna attraverso il periplo dell'Africa e che poi nel corso dell'inverno sarebbero serviti per annientare le forze italiana in Egitto e in Cirenaica.

Carri leggeri britannici VIB all'inseguimento degli italiani dopo lo sfondamento del fronte di Sidi el Barrani

Trasporto truppe britanniche Bren Carrier in azione in Cirenaica.

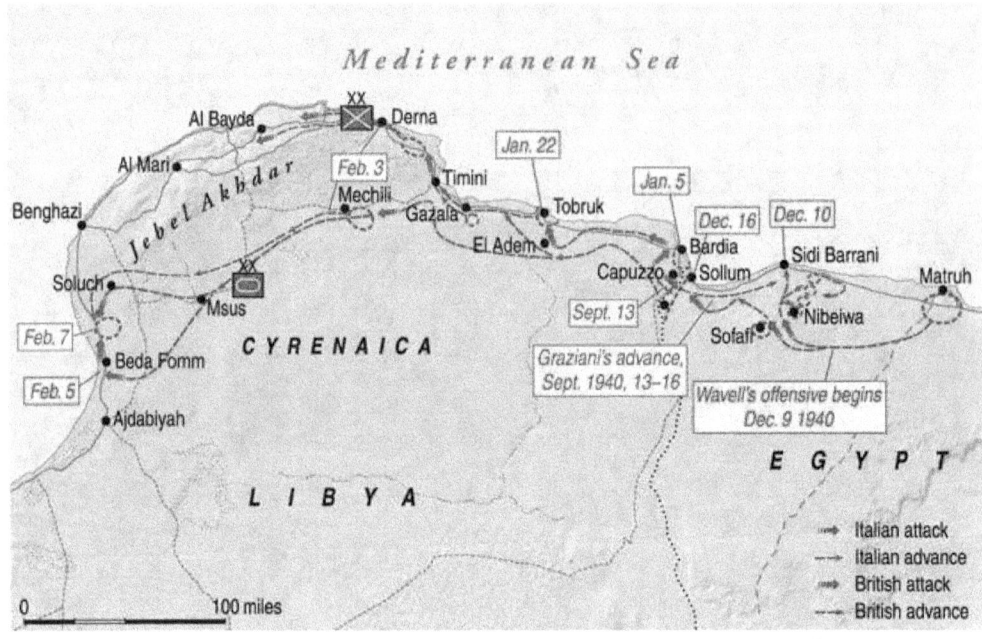

L'avanzata delle forze del generale O'Connor da Sidi el Barrani a Beda Fom. *Da Warfare Histori Network.*

Complessivamente, tra il 10 dicembre 1940 e il 7 febbraio 1941, cadde in mano britannica un ingente bottino in armi e mezzi da combattimento, inclusa una gran quantità di carri armati medi e leggeri, centinaia di cannoni, di autocarri, e di aerei rimasti immobilizzati sui campi di volo, e ben 130.000 uomini di un Esercito sfiduciato, e non motivato, che ne disponeva di 250.000. Si trattava di una delle vittorie più sproporzionate nella lunga storia delle guerre, ottenuta dai britannici al prezzo di soli 1.000 morti e 2.000 feriti. Ciò fece scrivere al Ministro degli Esteri britannico Anthony Eden, paragrafando Winston Churchill per la vittoria della RAF nella Battaglia d'Inghilterra, *"Mai era accaduto che così tanto fosse abbandonato da così tanti a così pochi"*.[12]

Inoltre, quanto avvenuto prima in Egitto e poi in Cirenaica, erano le logiche conseguenze di una serie di inaspettati insuccessi, determinati dall'impreparazione dell'anteguerra della quale, più che per colpa di Mussolini, le responsabilità ricadevano sulla casta militare, che non aveva compreso l'importanza dei progressi tecnici sia in campo addestrativi che di preparazione alla guerra.

---

[12] Anthony Eden, *Le Memorie di Sir Anthony Eden 1939-1945*, Garzanti, Milano, 1962.

Le interminabili colonne di prigionieri italiani catturati in Egitto e Cirenaica nel corso dell'offensiva britannica, denominata Operazione "Compass".

"*Cortesia del Duce*", come si sono espressi gli australiani. Carri M. 13 catturati ed impiegati rapidamente nelle operazioni con il simbolo del canguro.

I disastri di Grecia e di Taranto; l'incontenibile attività della flotta britannica nel Mediterraneo che minacciava seriamente le rotte con la Libia e con l'Albania; gli attacchi dei bombardieri della RAF diretti contro i porti e le principali città della madrepatria; l'insuccesso della Regia Aeronautica contro l'Inghilterra; gli scarni successi realizzati dai sommergibili in Mediterraneo e in Atlantico; la passività della Squadra Navale; la perdita dell'Impero dell'Africa Orientale che si sarebbe concluso nella primavera del 1941, erano insuccessi determinati soprattutto dalla sbagliata scelta del materiale di guerra, dall'incapacità dell'Industria nazionale a realizzare mezzi di avanguardia, e alle tattiche di addestramento e di combattimento obsolete che risalivano al primo conflitto mondiale.

Mussolini, non essendo un tecnico militare, né si vantava di esserlo, (prendendosi solo il merito, indiscusso, di aver ordinato alla Marina di mandare la flotta ad affrontare il nemico nella Battaglia di Mezzo Giugno 1942), si era limitato a stanziare fondi su programmi richiesti dai Sottosegretari di Stato, ai quali pertanto spettava la scelta del materiale da acquistare dall'Industria. Il Duce ebbe le sue grosse colpe per la guerra, in particolare alla Grecia, ma non gli si può addebitare quella della scelta delle armi, o le tattiche di addestramento e operative, che spettavano ai responsabili militari, degli Stati Maggiori, dopo aver consultato e fatto realizzare i progetti dagli Ispettorati Tecnici.

Le lacune più dannose furono:

**Esercito**: carri armati veloci, di 3 tonnellate, e carri armati medi (M 11 e M 13), di 11 e 13 tonnellate, che avevano scadenti caratteristiche di protezione e di manovrabilità su terreni accidentati; mancanza di artiglierie campali moderne, e con gran parte dei cannoni risalenti alla 1ª guerra mondiale, in parte di preda bellica; cannoni anticarro, da 47, di scarsa potenza penetrativa; artiglieria contraerea per la difesa del suolo patrio limitata, all'inizio della guerra, a 230 batterie, che usufruivano di due soli proiettori; scarsissima motorizzazione (nel luglio 1940 esistevano soltanto 42.000 automezzi per equipaggiare 73 divisioni), tanto che vi erano interi reggimenti che avanzavano a piedi anche nelle marce di avvicinamento alle linee del fronte, o durante le avanzate e le ritirate; deficienza di armi automatiche.

**Aeronautica**: mancanza di aerosiluranti e di bombardieri in picchiata; bombardieri in quota di caratteristiche sorpassate, in gran parte con strutture di legno (S.79 e Cant,Z.1007 bis), che portavano e impiegavano munizionamento di caduta di peso modesto; caccia con motori stellari scarsamente veloci, soprattutto i biplani Cr.42 che, per sfruttare le doti di acrobazia, diminuendo il peso, erano modestamente armati con due sole mitragliatrici da 12.7 mm, ed anche privi di apparati radio, soprattutto in fonia; mancanza di motori in linea, per aumentare potenza e velocità, perché l'Industria aeronautica, a differenza dei tedeschi, britannici e francesi, non era riuscita a produrne. I caccia Mc.202 con motori tedeschi riprodotti in Italia, entrarono in servizio soltanto nel settembre 1941.

*Marina*: tra le tre armi la meglio organizzata, non aveva esperienza di combattimento, e le sue artiglierie contraeree erano assolutamente inefficaci; tra le navi da battaglia, soltanto le due moderne corazzate tipo "Littorio" (*Littorio* e *Vittorio Veneto*) erano in grado di misurarsi con quelle britanniche, mentre le quattro del tipo "Cavour" e "Doria", risalenti alla 1ª guerra mondiale, rimodernate ed armate con cannoni da 320 mm, non potevano competere con i 381 delle corazzate nemiche; incrociatori e cacciatorpediniere con corazze molto leggere per valorizzare la velocità a scapito della protezione, e scarsamente adatti a navigare con mare molto mosso; mancanza di navi portaerei e di un'Aviazione della Marina per operare con le unità della flotta lontano dalle coste nazionali, non coperte dai velivoli dall'Aeronautica; unità sottile, in particolare i Mas, dotati di scarsa autonomia e inadatti per operare in alto mare, specie con mare mosso; sommergibili con soprastrutture troppo vistose, dotati di scarsa autonomia, lenti in immersione, sprovvisti di ecogoniometro e di centraline di lancio per i siluri; mancanza di un'efficiente organizzazione, e di unità adatte, come le corvette, per la guerra antisom. Occorre infine sottolineare la totale mancanza di radar, che impediva alle tre Armi combattenti di poter esercitare la vigilanza in mare e in cielo e per la difesa del territorio.

Estate 1940- Durante le esercitazioni di tiro per mettere a punto le artiglierie, le nuove corazzate italiane della 9a Divisione Navale Littorio e Vittorio Veneto sparano con i cannoni da 381/50 modello 1934. La loro portata era pari a 42.800 metri, ben oltre la linea dell'orizzonte. Il dislocamento delle navi a pieno carico superava le 46.000 tonnellate, come fu dimostrato nella missione della Vittorio Veneto quando si spinse il 28 marzo 1941 nelle acque di Gaudo, in quella che poi sarebbe stata la tragica notte di Capo Matapan.

La portaerei britannica *Illustrious* i cui aerosiluranti Swordfish furono i protagonisti del successo di Taranto dell'11 novembre 1940, silurando tre navi da battaglia italiane: *Littorio, Duilio, Cavour,* quest'ultima recuperata ma non rientrata in servizio

Il porto di Valona, dove giungevano via mare in Albania gran parte dei rinforzi italiani, bombardato l'11 gennaio 1941 dagli aerei della RAF.

Tutto queste deficienze, aggiunte alle lacune di addestramento, portò, e non poteva essere altrimenti, le Forze Armate italiane a subire un'intollerabile e frustrante serie d'insuccessi, dagli effetti devastanti, che dopo le imponenti parate dell'anteguerra, e le spacconate del fascismo sulle qualità militari e combattenti degli italiani, determinarono ilarità nel mondo intero.

Tra le misure prese da Mussolini per cercare di rendere più efficienti le Forze Armate, vi fu la sostituzione del maresciallo Badoglio e, come detto, dell'ammiraglio Domenico Cavagnari, nelle cariche di Capo di Stato Maggiore Generale e di Sottosegretario e Capo di Stato Maggiore della Marina. Il posto di Badoglio, fatto passare come il massimo responsabile del disastro di Grecia, fu preso dal generale Ugo Cavallero che si trasferì in Albania per stare vicino alla linea del fronte, mentre quello di Cavagnari, vero responsabile degli insuccessi della Regia Marina nel Mediterraneo, fu assegnato all'ammiraglio Arturo Riccardi. Si ebbe anche un cambio nel Comando della Squadra Navale, nominando l'ammiraglio Angelo Iachino al posto dell'ammiraglio Inigo Campioni, che andò ad occupare la carica di Sottocapo di Stato Maggiore della Marina.

Al centro il generale Ugo Cavallero nell'aeroporto di Tirana. A sinistra il gerarca Roberto Farinacci e destra un generale dell'Esercito. Cavallero fu nominato Capo di Stato Maggiore Generale il 6 dicembre 1940. Fu mandato da Mussolini a dirigere il fronte greco-albanese in sostituzione del generale Ubaldo Soddu, le cuoi truppe dopo un'avanzata fermata dai greci erano state addirittura travolte dal nemico, e a Roma si temeva non soltanto una nuova Caporetto ma anche di dover trattare la pace con i greci.

Le dure sconfitte fecero comprendere, nel modo peggiore, quanto fosse enorme, in tutti i campi, il divario tecnico-tattico che separava gli italiani dai britannici e – di fronte al sarcasmo, espresso da nemico e alleati, di cui per carità di Patria risparmiamo i dettagli – finì per minare la fiducia del popolo italiano nei confronti di Mussolini.[13]

A questo punto, con la Tripolitania minacciata, e con gli italiani sempre più impantanati sul fronte dell'Epiro perché, nonostante gli ingenti rinforzi di truppe che affluivano in Albania dall'Italia, i greci minacciavano addirittura di conquistare il porto di Valona, la Germania non poteva tirarsi indietro, e pose termine alla pretestuosa formula della "*Guerra parallela*", voluta da Mussolini e dai suoi pessimi Capi militari. Pertanto, ha scritto lo storico britannico Deakin:[14]

*L'incapacità degli italiani di sconfiggere le truppe greche provocarono l'intervento tedesco nei Balcani, una zona che gli italiani speravano di riservare a se stessi, e affrettò l'inizio di quelle operazioni militari combinate italo-tedesche che Mussolini sperava tanto di evitare.*

Soldati greci in postazione con un mortaio.

Renzo De Felice, che riguardo ai dettagli della politica italiana, alle relazioni di Mussolini con i militari, e al clima che si viveva in Italia, a fatto, nella sua citata opera, un ottimo lavoro, ha scritto:[15]

---

[13] Per alcuni duri commenti dell'alleato tedesco (più che per la ricostruzione storico-militare, piuttosto lacunosa nei riguardi della guerra combattuta dalla Gran Bretagna contro l'Italia e assai schematica nel descrivere la politica e l'attività bellica tedesca nei Balcani), consigliamo: Renzo De Felice, *Mussolini l'alleato. L'Italia in guerra 1940-1943. Dalla guerra breve alla guerra lunga*, cit., p. 318-320.

[14] F. W. Deakin, *Storia della repubblica di Salò*, Torino, Einaudi, 1963, p. 16.

[15] R. De Felice, *Mussolini l'alleato. L'Italia in guerra 1940-1943. Dalla guerra breve alla guerra lunga*, cit., p. 315-316.

*Nulla ormai poteva valere a cancellare anche solo in parte le conseguenze negative dei clamorosi insuccessi dei primi mesi. L'attacco alla Grecia non fu infatti solo la tomba della "guerra parallela", ma il colpo più grave che il prestigio di Mussolini e dell'Italia subirono durante tutta la guerra: che la "piccola" e "primitiva" Grecia potesse tener testa e persino minacciare di sconfiggere l'Italia era un'eventualità che nessuno aveva mai seriamente preso in considerazione. Da questo momento l'Italia venne considerata più che mai dagli inglesi e dagli americani il "ventre molle" dell'Asse, l'anello più debole del sistema continentale tedesco, che, persino nelle difficilissime condizioni nelle quali si trovava l'Inghilterra, si sarebbe potuto far saltare.*

Quanto l'Italia attacco sull'Epiro, Hitler, che pur aspettandosi una mossa britannica in Grecia rimase particolarmente allarmato per la rapidità con cui si essa si realizzò, il 12 novembre 1940 ebbe a Berlino un delicato colloquio con il ministro degli esteri sovietico Vyachelav Molotov, che avrebbe potuto portare ad accordi di spartizione in Europa di zone di influenza favorevoli per le due nazioni e tali da evitare l'invasione della Russia.

Colloqui di Berlino, iniziati il 12 novembre 1940 tra il Ministro degli Esteri tedesco Joachim von Ribbentrop, a sinistra, e il suo collega dell'Unione Sovietica Yacheslav Molotov. Al centro l'interprete.

Tuttavia, con tale accordo, il Führer si vide negare la possibilità che la Germania avesse via libera nei Balcani, da dove non solo avrebbe potuto allontanare la minaccia britannica, ma anche di rivolgere l'attenzione ai vasti territori asiatici dell'Impero britannico, effettuandone la spartizione assieme alla Russia, come auspicava il Ministro degli Esteri tedesco Joachim von Ribbentrop.

Il colloquio con Molotov, proseguito nella giornata del 13 novembre, in parte svoltosi in un rifugio della Cancelleria del Reich sotto un bombardamento di aerei britannici, convinse Hitler della impossibilità di poter arrivare ad un accordo con i sovietici. Sempre più preoccupato per gli sviluppi che il fallimento dell'attacco italiano alla Grecia poteva avere per l'esito dell'operazione "Barbarossa", alla cui attuazione non intendeva ormai più rinunciare, il Führer offrì a Mussolini il suo aiuto. Dopo un incontro, alquanto freddo per gli insuccessi italiani, tenutosi il 15 novembre a Innsbruck tra i Capi delle Forze Armate delle due potenze dell'Asse, marescialli Pietro Badoglio e Wilhelm Keitel,[16] il giorno 20 del mese il Führer scrisse a Mussolini, per rimproverarlo, amichevolmente ma anche aspramente, del suo attacco alla Grecia, che metteva la Germania minacciata dal lato sud dell'Europa; ed in particolare, con l'installazione dei britannici in Grecia, poneva gli impianti petroliferi di Ploesti - dai quali *"in maniera determinante dipendeva la successiva condotta di guerra tedesca"* - entro il raggio d'azione dei loro bombardieri.[17] Offrendo il suo aiuto militare sotto forma di aerei, il Führer si occupò anche di Creta, e rimproverò al Duce di non averla conquistata *"in modo fulmineo"*, con un impresa a cui, se concordato preventivamente, avrebbero dovuto partecipare anche truppe tedesche, sottoforma di *"impiego di una divisione di paracadutisti e di un'altra divisione di fanteria aerea da sbarco"*.[18]

Ed in effetti, come primo passo per raggiungere quell'obiettivo, il 12 dicembre 1940 il Führer espresse ai suoi Capi militari l'intenzione di occupare militarmente la Grecia, da usare con le forze germaniche quale punto avanzato della guerra nel Mediterraneo orientale, di cui Creta doveva costituire il trampolino più avanzato; e l'indomani 13 ne fissò gli intendimenti con la Direttiva n. 20.

---

[16] Francesco Mattesini, "Sintesi dei colloqui di Innsbruck dei giorni 14 e 15 novembre 1940 tra il maresciallo Keitel e il maresciallo Badoglio sulla situazione militare in atto", in *Corrispondenza e Direttive tecnico-operative di Supermarina*, Ufficio Storico della Marina Militare, Volume primo - II Tomo, cit., p. 746-747.

[17] K. Gundelach, "La battaglia di Creta 1941", in *Le battaglie decisive della 2ª guerra mondiale* Milano, Baldini & Castaldi, 1974, p. 121.

[18] Lettera del Führer al Duce, in *Hitler e Mussolini. Lettere e documenti*, Milano, Rizzoli, 1946, p. 72. * Dal punto di vista politico Creta era poi un'eccellente pedina per costringere la Turchia a rimanere neutrale e, possibilmente, per attirare quella nazione nella sfera d'influenza dell'Asse. Fu anche per questi motivi che Hitler all'inizio della terza decade di aprile 1941 autorizzò la conquista di Creta, contando però su una tabella di marcia militare molto rapida per non ritardare troppo l'inizio dell'operazione "Barbarossa" che, negli intendimenti del Führer doveva portare alla *"distruzione dell'Unione Sovietica, quale premessa per creare, sulle sue macerie, un impero tedesco ad oriente"*. Cfr., A. Hillgruber, *La strategia militare di Hitler*, Milano, Rizzoli, 1986, p. 529.

Gli aiuti tedeschi all'Italia si concretarono, nel dicembre 1940, con l'invio in Puglia, come prima misura di Hitler per appoggiare il fronte italiano più traballante, di un gruppo di aerei da trasporto Ju 52 (III./KG.z.b.V.1), per venire impegnati nel trasporto urgente di truppe italiane in Albania. [19] Seguì poi, come riporteremo in seguito, tra il gennaio e il marzo del 1941, l'invio in Sicilia del 10° Corpo Aereo (X Fliegerkorps), comandato dal generale Hans Ferdinand Geisler, e il trasferimento in Libia dell'Afrika Korps del generale Erwin Rommel, per il cui sostegno fu costituito il Comando Aereo Africa (Fliegerführer Africa), comandato dal generale Stefan Fröhlich.[20]

Dicembre 1940. Soldati italiani trasportati dalla Puglia in Albania con aerei da trasporto tedeschi Ju 52 del Gruppo III./KG.z.b.V.1

---

[19] Tra l'8 e il 9 dicembre 1940 si trasferirono da Wasendorf a Foggia 53 velivoli da trasporto Ju 52 del Gruppo III./KG.z.b.V.1 (tenente colonnello Rudolf Starker), la cui 10ª Squadriglia (maggiore Neundlinger) alla fine di gennaio 1941 si spostò a Bari. Il Gruppo effettuò in un periodo di 50 giorni 4.028 missioni, trasportando a Tirana 30.000 uomini di truppa con le loro armi individuali e 4.700 tonnellate di rifornimenti, ed evacuo in Italia 8.346 feriti.

[20] Per saperne di più, vedi: Francesco Mattesini, *L'attività aerea italo-tedesca nel Mediterraneo. Il contributo del "X Fliegerkorps"*, Gennaio - Maggio 1941, cit., p. 26.

Soldati italiani si imbarcano su un velivolo da trasporto nazionale diretti in Albania.

Migliaia di soldati arrivano in Albania via mare.

Ma oltre all'afflusso in Mediterraneo di due divisioni corazzate e di oltre 500 aerei da combattimento, che sarebbero stati utilissimi nell'operazione "Barbarossa", il Führer pianificò l'operazione "Marita", ossia l'attacco alla Grecia, da realizzare dalla Bulgaria, il cui Governo, guidato dallo Zar Borsi III, era favorevole all'Asse, e con la collaborazione della Jugoslavia, a cui fu chiesto il permesso di far transitare le truppe tedesche. Fin dalla fine di novembre 1940, ritenendo condizione indispensabile per la riuscita del piano di aggressione contro l'Unione Sovietica l'inserimento della Jugoslavia fra le nazioni controllate dell'Asse, Hitler aveva tentato di legare questo paese al Patto Tripartito del settembre 1940, siglato alla Cancelleria di Berlino dai rappresentanti della Germania dall'Italia e dal Giappone. In cambio, oltre a garantire la piena integrità territoriale della Jugoslavia, il Führer offrì al Capo del Governo di Belgrado, Aleksandar Cincar-Markovié, il porto di Salonicco, e quindi quello sbocco nell'Egeo che era desiderato dagli Jugoslavi.

Ma la ritirata italiana in Albania del novembre 1940 complicò la situazione, perché convinse il Capo della diplomazia di Belgrado ad essere molto prudente nello stipulare impegni ed alleanze che potevano generare tra le etnie della stessa Jugoslavia una guerra civile; specialmente tra gli oppositori alla Germania, tra cui molti ufficiali che, ricordando l'aiuto ricevuto da Londra durante la prima guerra mondiale, erano pronti a scommettere sulla vittoria della Gran Bretagna, incluso il reggente principe Paolo, che era palesemente antitedesco.

Febbraio 1941. L'arrivo a Tripoli del generale Erwin Rommel, comandante dell'Afrika Korps. Al suo fianco, a sinistra, è il generale Italo Gariboldi che aveva sostituito il maresciallo Rodolfo Graziani nel Comando delle Forze Armate italiane in Libia.

Per sostenere l'Afrika Korps sull fronte libico, alla metà di febbraio furono fatti affluire in Africa anche tre gruppi di velivoli del X Fliegerkorps, due di Ju 87 e uno di caccia pesanti Bf. 110 distruttori. L'immagine mostra un Bf. 110 del III./ZG.26 assegnato a compiti di ricognizione

Bombardieri in picchiata Ju 87 del 1° Gruppo del 3° Stormo Stuka (I./St.G. 3) in volo sul cielo di Trapani. Il 10 gennaio 56 velivoli dello Stormo e 6 Ju.87 italiani del 96° Gruppo B.aT. attaccarono a sud-ovest di Malta la portaerei britannica *Illustrious* danneggiandola gravemente con 7 bombe, una delle quali da 1.000 chili italiana. L'Indomani 27 Ju.87 tedeschi del II./St.G.2 (su 35 partiti da Trapani) attaccarono e affondarono a ovest di Malta l'incrociatore britannico *Southampton*, danneggiando anche il gemello *Gloucester*, e ciò conseguì il risultato tanto desiderato dall'Italia di allontanare la Royal Navy dal Mediterraneo centrale, riaprendo le rotte con la Libia.

# L'AIUTO DELLA GERMANIA

Sulla sgradevole situazione che si era creata in Germania per le ripetute e inattese sconfitte subite in ogni campo e in ogni scacchiere di guerra dalle Forze Armate italiane, e sui programmi che l'OKW si apprestava a realizzare per venire in aiuto all'alleato mediterraneo, il 18 dicembre 1940 il generale Efisio Marras, Addetto Militare italiano a Berlino, compilò per il Gabinetto del Ministero della Guerra la seguente lettera n. 3501/A, dall'oggetto *"Situazione politico-militare"*:[21]

*Gli avvenimenti militari d'Albania e quelli del Nord Africa richiamano fortemente in questo momento l'attenzione della Germania.*

*Nel pubblico tedesco essi hanno provocato una sgradevole sorpresa, la quale dà occasione a commenti talvolta non lusinghieri o lascia affiorare vecchi apprezzamenti, che si ritenevano ormai sorpassati, sulla compagine della nostra struttura e sulla nostra efficienza. La stampa tedesca opportunamente indirizzata, anche su nostro intervento, procura di attenuare nel pubblico queste impressioni, senza peraltro ottenere risultati completi.*

*Negli elementi dirigenti alla sorpresa iniziale si aggiunge il disappunto per l'insuccesso subito dall'Asse e qualche preoccupazione per l'ulteriore sviluppo degli avvenimenti.*

*L'Alto Comando tedesco per sua parte aveva inizialmente ritenuto che il ripiegamento in Albania e la perdita di Sidi el Barrani dovessero considerarsi come avvenimenti sgradevoli nei riguardi del prestigio militare italiano, ma non modificanti sostanzialmente la situazione militare dell'Asse definita dal dominio sicuro del continente europeo. Successivamente i progressi inglesi nel Nord Africa hanno destato qualche preoccupazione nei riguardi della situazione militare generale e messo in evidenza la necessità di dare all'Italia qualche concorso militare. Questo concorso si manifesta per ora mediante l'invio di già avvenuto di un gruppo di aeroplani da trasporto e col prossimo invio di un corpo aereo su sei gruppi di tre squadriglie.*

*Le valutazioni e i commenti negli ambienti militari tedeschi sono naturalmente di ordine vario e si deducono da quanto viene manifestato apertamente come pure da qualche accenno vago o anche da qualche riguardoso silenzio. Il giudizio che sembra prevalere in questo momento è che lo scacco sia da attribuire a sorpresa da noi subita; a deficienza di armamento, particolarmente anticarro e a insufficienza di inquadramento e di addestramento. In particolare viene messo in rilievo il vantaggio che l'esercito tedesco trae dall'abbondanza e dalla solidità dei sottufficiali.*

\* \* \*

---

[21] Archivio Stato Maggiore Esercito Ufficio Storico (da ora in poi ASMEUS), fondo *Marras, L 13*, cartella n. 45.

*Per quanto riguarda lo sviluppo ulteriore delle operazioni l'Alto Comando tedesco ritiene che l'invio del Corpo Aereo possa portare un sensibile alleggerimento. Non si esclude che possa venire ripresa in considerazione l'idea dell'invio di Unità corazzate tedesche nel Nord Africa; mi è stata accennata l'idea che la loro presenza possa riuscire utile anche per evitare sorprese alla frontiera tunisina.*

Soldati italiani nelle dure condizioni invernali 1940-1941 del fronte albane sulle montagne dell'Epiro.

*L'attenzione maggiore è dedicata alla preparazione delle future operazioni tedesche contro la Grecia.*[22]

*Nella presente situazione politica le linee generali dell'operazione rimangono quelle già annunciate. Le forze occorrenti sarebbero riunite in Romania e di là a momento opportuno trasferite in Bulgaria per agire attraverso la frontiera greco-*

---

[22] Il 13 dicembre 1940, Hitler gettava le basi per un intervento nei Balcani, diramando la sua Direttiva di Guerra n. 20, dal nome in codice Operazione "Marita", in cui affermava: "*Il risultato dei combattimenti in Albania non è ancora decisivo. Data la pericolosa situazione albanese è doppiamente necessario che gli sforzi inglesi di stabilire basi aeree dietro la protezione del fronte balcanico siano sventati, poiché questo sarebbe pericoloso, soprattutto, per l'Italia e per i campi petroliferi romeni. A questo fine, si deve costituire una armata entro il mese venturo, che lentamente si ingrosserà e, al ritorno della bella stagione, spingerla a sud, attraverso la Bulgaria, per occupare le coste dell'Egeo settentrionale*".

*bulgara. Finora non si pensa di dover ricorrere al passaggio attraverso la Jugoslavia.*

*L'entità delle forze prevista è stata aumentata.*

*In via assolutamente confidenziale mi è stato detto che esse comprenderanno una ventina di divisioni delle quali alcune corazzate e alcune da montagna. Movimenti, costituzione dei comandi e voci ad arte diffuse dovrebbero far ritenere che la consistenza delle forze sia di almeno una trentina di divisioni.*

*Lo scopo è quello di tener ferma la Turchia, facendola rinunciare all'idea di un intervento.*

*Come ho già annunciato, è attualmente in corso l'invio di una divisione corazzata in Romania. I trasporti verranno ripresi intensamente a partire dal gennaio prossimo.*

*In febbraio la consistenza delle forze sarebbe già tale da poter provocare un alleggerimento delle forze greche alla frontiera albanese.*

*Le operazioni non verrebbero iniziate prima della metà di marzo. Lo Stato Maggiore tedesco è certo del loro completo successo. Il Generale JODL mi ha detto al riguardo: "In Albania non avete che da mantenervi sulla fronte attuale".*

Caserma Martelli di Pordenone, 24 aprile 1951. A sinistra Il Comandante in Capo delle Forze Alleate in Europa, generale H.D. Eisenhower in visita ispettiva, al centro il colonnello comandante dell'8° Reggimento bersaglieri della divisione corazzata "Ariete", a destra il Capo Maggiore della Difesa italiana generale Efisio Marras, già Addetto Militare a Berlino durante la guerra. L'8 Settembre 1943 fu fatto prigioniero dei tedeschi e poi liberato dagli Alleati nel maggio 1945

Naturalmente, dell'ultima frase del generale Jodl "*In Albania non avete che da mantenervi sulla fronte attuale*", negli Alti Comandi italiani e nei vertici politici non si voleva neppure sentir parlare; in particolare poi in Benito Mussolini che voleva riscattare con le armi l'umiliazione che gli aveva causato la controffensiva dei greci, che, addirittura, minacciavano, in Albania, il porto di Valona. L'aiuto della Germania era comunque accettato, ma alla condizione che non risultasse troppo invadente per la condotta di guerra dell'Italia, ancora fissata alla formula della guerra parallela.

Tuttavia qualcosa si stava già movendo per cambiare questa situazione. Ne è una prova inconfutabile quanto il generale Mario Roatta, Sottocapo di Stato Maggiore dell'Esercito, aveva scritto il 13 dicembre, con un Promemoria (Prot. n. 345) inviato al generale Alfredo Guzzoni, Sottocapo di Stato Maggiore Generale. Roatta, che era apprezzato per la sua alta intelligenza, dopo aver fatto, a tinte fosche, un quadro della situazione strategica che vedeva nettamente sfavorita l'Italia di fronte al suo "*nemico numero uno*", che era "*Inghilterra*", avendo constatato che la Germania si era praticamente impantanata sul fronte della Manica, perché aveva rinunciato, almeno temporaneamente, a sbarcare sul territorio britannico, specificò:[23]

A sinistra il generale Mario Roatta, Capo di Stato Maggiore dell'Esercito, a destra il generale Alfredo Guzzoni, Sottocapo di Stato Maggiore Generale.

*L'Italia, da mesi, sostiene da sola una durissima lotta contro l'Inghilterra, mentre è per la sua posizione e per quella dei suoi possedimenti d'oltremare più vulnerabile che la Germania. Le sue forze, data la loro entità e data la circostanza di*

---

[23] ASMEUS, fondo I 4, cartella n. 13.

*cui sopra, non appaiono in condizioni di infliggere all'avversario il suddetto grave colpo, ossia di stroncare la cerniera mediterranea dell'impero britannico.*

*Ne deriva la necessità non di un aiuto germanico (che nessuno ha mai chiesto, e nessuno intende chiedere), ma di una azione comune ed in blocco contro detta cerniera.*

*Si tratta - in altre parole - di sostituire alle attuali azioni parallele, ma distinte e distanti, dall'Italia e Germania, una azione collettiva nel teatro di operazioni più redditizio agli effetti dello scopo comune.*

Il generale Roatta, pertanto, avendo constatato come da parte italiana non esistesse nulla, in carri armati e artiglierie controcarro, che potesse opporsi in Libia alle efficientissime unità corazzate dell'Inghilterra, analoghe a quelle germaniche che avevano "*risolto rapidamente la lotta in Polonia ed in occidente*", si disse convinto di impostare in nord Africa, "*un'azione collettiva*", sebbene non offrisse "*la certezza di condurre all'espugnazione di Alessandria e del delta del Nilo. E poiché l'Italia non era "in condizioni di assolvere - da sola - il compito*" di infrangere la cerniera mediterranea dell'Impero britannico, occorreva farlo in comune, assieme alla Germania, "*nei Balcani, nell'Africa Settentrionale, sul mare e nell'aria, per poi passare dai Balcani al Levante*".

Carro armato britannico Matilda, di 27 tonnellate e cannone da 40 mm impiegato in Libia nell'operazione "Compas". I carri armati italiani M 13 erano di 13 tonnellate, e il loro cannone da 47 mm poteva fermare il Matilda soltanto colpendolo ai cingoli.

E ne elencò quali dovessero essere i *"pregiudiziali a detta azione"*, scrivendo:[24]

*- intesa intima, chiara e costante dal punto di vista politico-militare;*
*- direzione virtuale unica, nel senso di predisporre e condurre in perfetto accordo le operazioni delle singole forze, rientranti nel quadro dell'azione collettiva;*
*- messa in comune dei materiali, non essendo ammissibile che gli uni combattano con mezzi adeguati, mentre gli altri forniscono armi moderne a terzi, non tutti fidati.*

*Non si tratta, in tutto questo di aiuti, ma semplicemente di concentramento di sforzi nel teatro di operazioni naturalmente più vulnerabile per l'Asse, nel quale l'avversario può essere più efficacemente colpito, e dove - rendendosi conto di ciò - concentra le sue forze.*

Questo promemoria dovette certamente servire al generale Guzzoni, quello stesso giorno 13, per la compilazione dell'appunto "Concorsi germanici nella attuale situazione militare", presentato l'indomani al Duce, e nel quale praticamente erano fatte le medesime osservazioni espresse da Roatta.

Partendo dal principio che *"la guerra sarà sempre decisa in Mediterraneo, ove non siamo in condizioni di combattere da soli"*, e che pertanto occorreva stabilire *"una maggiore e più stretta collaborazione militare con la Germania"*, questa doveva realizzare *"un immediato invio di molta aviazione onde poter raggiungere la supremazia dell'aria nel cielo del Mediterraneo centrale e orientale"*. Tra le misure richieste, scartando quella di chiedere l'invio di truppe tedesche in Libia, già motivata *"per la difficoltà dei trasporti"*, che comportavano due mesi per il solo invio di una divisione corazzata *"alleggerita"*; e perché in nord Africa non mancavano soldati italiani, esistevano le premesse di poter esercitare: *"una decisa azione sulla Bulgaria e sulla Jugoslavia, dando subito inizio alla preparazione di un intervento tedesco contro la Grecia al fine di darle tali preoccupazioni da impedirle una forte ripresa dell'offensiva"* in Albania, e nello stesso tempo per distogliere *"gli inglesi dall'invio dei rinforzi insistentemente richiesti"* dal Governo di Atene.

Altre misure ritenute necessarie per il controllo del Mediterraneo erano rappresentate: dall'affrettare *"gli accordi con la Spagna per agire su Gibilterra"*, secondo quanto già richiesto dalla Germania; esercitare decise pressioni sulla Francia per rendere sicura la Tripolitania dalle azioni militari del movimento De Gaulle, arrivando, in caso contrario, perfino ad un'ulteriore e decisa occupazione della Francia stessa; occupazione *"da effettuarsi con azione concomitante delle truppe tedesche e delle nostre"*. Infine, chiedere alla Germania *"la cessione del carburante, dei mezzi e delle materie prime che ci sono indispensabili per gli armamenti e la produzione del materiale bellico"*.[25]

Mussolini, lesse attentamente il promemoria, che praticamente pretendeva dai tedeschi di togliere agli italiani le castagne dal fuoco in ogni campo - anche perché le

---

[24] *Ibidem.*
[25] ASMEUS, fondo I 4, cartella n. 7.

richieste da avanzare all'alleato comportavano la cessione, ritenuta "*per noi indispensabile*" per poter continuare a combattere, di "*automezzi, artiglierie divisionali, anticarro e contraeree, carri armati ed autoblindo.*"[26] Il Duce, invece di arrossire o di arrabbiarsi di fronte ad una situazione tanto catastrofica ed umiliante, che lui stesso aveva inconsciamente voluto attaccando la Grecia, ultimata la lettura e rivoltosi al generale Guzzoni, si limitò a pronunciare soltanto una parola: "*Esatto*".[27]

In un secondo e più articolato appunto, preparato il 16 dicembre per Mussolini, il generale Guzzoni, oltre a fare un esame di quelle che erano, nello scacchiere del Mediterraneo, le opposte forze in campo e in cui apparivano svantaggiate quelle italiane, specificò che occorreva realizzare: "*In primo tempo una completa intesa con la Germania onde concretare una comune azione militare e politica fino a giungere addirittura ad un comando unico*" [purtroppo mai realizzato] che indirizzasse "*gli sforzi comuni alla comune vittoria*". Questa doveva realizzarsi, con "*azione politica sulla Spagna, Jugoslavia, Bulgaria e Russia*", e poi, dopo "*l'avviamento degli studi e della preparazione*" militare, con un "*azione decisa e travolgente*", che portasse alla conquista di "*Gibilterra, Grecia, Egitto*".

In questo contesto, scartata al momento la possibilità di richiedere a Berlino un impiego di truppe tedesche in Libia, dove la situazione, con la prevista caduta di Bardia, si stava facendo sempre più drammatica per l'Esercito del maresciallo Graziani, ed in attesa dell'intervento germanico contro la Grecia, previsto per l'inizio della primavera del 1941, ogni sforzo italiano fu rivolto:[28]

1)   ad avanzare richieste di aiuto sotto forma di mezzi militari e di materiali strategici per l'industria bellica;[29]

---

[26] Nel giugno 1939, avendo la Germania un credito di 300 milioni di lire con l'Italia per la cessione di materiali lavorati, il Ministero della Guerra chiese che in pagamento venissero cedute 50 batterie di cannoni da 88 mm con relativo munizionamento, nonché complete di centrali di tiro Zeiss Mod. 36 e relative apparecchiature ausiliarie. Poiché la Germania fece sapere di non avere a disposizione il numero dei cannoni richiesti, mentre si concedeva all'Italia la possibilità di produrre componenti per le artiglierie e parti meccaniche per i cannoni, anche da 75 mm, con produzione avviata dalle officine Ansaldo (Genova e Pozzuoli) e OTO, le prime batterie da 88 mm cominciarono ad arrivare subito dopo l'entrata in guerra dell'Italia, e alla fine dell'anno 1940 erano disponibili 44 cannoni. Parte degli 88, che erano stati assegnati alla difesa contraerea delle principali città, furono in seguito trasferite in Libia per la protezione dei porti, e poi anche ad alcuni gruppi di reparti mobili motorizzati. In mancanza di un mezzo più potente i cannoni erano trainati da trattori Lancia 3Ro.

[27] ASMEUS, fondo I 4, cartella n. 7.

[28] Francesco Mattesini, *Corrispondenza e direttive tecnico-operative di Supermarina*, Volume Primo II Tomo, USMM, cit., Doc. n. 364, p. 1007.

[29] La richiesta comportava una quantità di materiali in più di quelli che già forniva la Germania, quantificata, tra l'altro, nella sola richiesta da realizzare nel mese di febbraio 1941, in 100.000 tonnellate di carbone, 25.000 di ghisa e rottami, 5.000 di acciaio, 4.000 di manganese, 2.500 di cromiti, 500 di alluminio, 600 di zinco, 200 di gomma, ecc. Per il 1941 si prevedeva di ottenere mensilmente dalla Germania, a partire dal gennaio. 1.000.000 di tonnellate di carbone, 35.000 di acciaio, 5.000 di ghisa e rottami, 1.500 di gomma e buna, 800 di alluminio, 500 di rame, ecc. A queste richieste del Comando Supremo italiano - che come si espresse il generale Marras il 18 dicembre, essendo compilate in modo frazionato, invece che inserite "*in un programma completo di costruzioni a lunga scadenza*" turbavano i "*programmi tedeschi*" - l'OKW era dell'idea che il fabbisogno degli italiani doveva "*essere coperto anzitutto mettendo in pieno rendimento le industrie*", a cui la Germania avrebbe assicurato le "*materie prime occorrenti*".

2)    ad accogliere nel sud dell'Italia e in Sicilia il X Fliegerkorps, il cui intervento era ritenuto necessario per riprendere il controllo del Mediterraneo centrale, dove passavano le rotte per la Libia, poiché la Regia Aeronautica e la Regia Marina, non possedevano forze sufficienti e, purtroppo nei loro Capi, neppure spirito d'iniziativa.

La situazione, creatasi in Albania e in Cirenaica con l'accerchiamento di Bardia, apparendo sempre più sfavorevole alle Armi italiane, portò il Comando Supremo ad un logico ripensamento, e alla *"necessità di un intervento immediato tedesco"* per alleggerire la pressione del nemico nei due scacchieri operativi. In un Appunto del 23 dicembre, partendo dal principio che era interesse della Germania, in un momento difficile per l'Italia, di agevolare *"la conclusione vittoriosa della guerra"*, si sollecitò l'afflusso in Libia di ben due divisioni corazzate, e la cessione [irrealizzabile] all'Esercito italiano di una grandissima quantità di mezzi, comprendente, tra l'altro, 10.300 autocarri, 160 batterie di artiglieria di ogni calibro,
2.500 pezzi contraerei, 675 pezzi anticarro, ben 800 carri armati medi, nonché munizioni ed altri mezzi di ogni genere, fino a comprendere anche 20.000 tonnellate di filo spinato. Parte di queste richieste erano già state presentate dal generale Guzzoni al generale von Rintelen, presente al colloquio il generale Roatta, e in tale occasione il Sottocapo di Stato Maggiore Generale affermò:[30]

*Noi mandiamo in Libia tutti i carri che abbiamo, artiglieria, materiali etc.*
*La divisione corazzata offerta dal Reich nel mese di settembre sarebbe ora oltremodo gradita e sarebbe ancora più gradita se invece di una fosse possibile inviarne due.*
*Urge, perciò, nel quadro della guerra dell'Asse, una energica azione di concorso da parte tedesca per alleggerire l'Italia dallo schiacciante peso della pressione offensiva combinata inglese e greca: ma tale azione, perché possa riuscire tempestivamente, deve essere immediata.*

Queste nuove richieste italiane, che si aggiungevano a quelle già presentate, portarono il Comando Supremo italiano a costituire una Missione Militare che fu inviata in Germania alla fine di dicembre, guidata dal Sottosegretario di Stato per le fabbricazioni di guerra, generale di Divisione Carlo Favagrossa.[31]
Nel frattempo la richiesta dell'invio in Libia delle due divisioni corazzate tedesche, e della cessione d'ingenti mezzi all'Esercito italiano, fu discussa il 28 dicembre tra il generale Marras e i feldmarescialli Keitel e Jodl i quali, mostrandosi molto evasivi, offrirono soltanto equipaggiamenti ed armi di preda bellica, senza

---

[30] ASMEUS, fondo, *L* 5, cartella n. 45.
[31] *Ibidem.*

poterne al momento precisare la quantità, ma senza gli autocarri con la giustificazione che erano privi di gomme. Circa l'invio delle forze corazzate in Libia, essendo stata sciolta a metà novembre la 3ª Panzer Division approntata per la Cirenaica, ed essendo le altre unità corazzate del tutto in corso di trasformazione, fu dichiarato che comportando l'approntamento di una nuova divisione tre settimane, a cui andava aggiunto il tempo del trasferimento, l'unità sarebbe potuta arrivare in Libia soltanto ai primi di marzo del 1941.

Comunque, alle insistenze di Marras, che paventò la perdita dell'Africa, Keitel dichiarò che la questione sarebbe stata esaminata con l'"*intenzione di venire incontro per quanto possibile*" ai desideri degli italiani, ed espresse la convinzione, risultata poi troppo ottimistica, che nel frattempo "*l'azione del X Corpo Aereo germanico*" avrebbe reso "*impossibile i rifornimenti, via mare delle truppe britanniche operanti contro la Libia*".[32]

Il generale Guzzoni, telegrafando a Berlino il 29 dicembre, chiese a Marras di insistere sull'OKW per l'accettazione delle richieste italiane di forniture belliche, e per gli aiuti da fornire alle operazioni sul fronte Greco e su quello della Libia, specificando che "*il concorso tedesco a nostra guerra diventa ogni giorno più pressante e richiede sollecita conduzione et pronti provvedimenti esecutivi*".[33]

Nei due giorni seguenti, 30 e 31 dicembre, si svolsero a Berlino i colloqui italo-tedeschi, con le delegazioni guidate dal generale Favagrossa e dal feldmaresciallo Keitel, affiancato dal generale Jodl. Riferendosi alla richiesta dell'invio di divisioni corazzate tedesche in Libia, Keitel, in un colloquio con Marras, fece la seguente, e purtroppo veritiera, severa analisi:[34]

*In passato, si è verificata tra l'Italia e la Germania una certa "crisi di fiducia" per la quale non fu possibile inviare in Libia la divisione corazzata che era stata promessa dalla Germania.*[35]

*Il Comando tedesco considera che l'aver dichiarato la guerra alla Grecia abbia costituito un grave errore militare, tanto più che esso a condotto ad un insuccesso.*

---

[32] Il generale Roatta, nel promemoria n. 356 del 30 dicembre compilato per il Comando Supremo, sostenne "*che lo S.M. della Wehrmacht non ha un'idea esatta dello sforzo che stiamo sostenendo; che non si rende conto dell'importanza che l'Inghilterra dà al teatro di operazione mediterraneo in senso lato; che considera detto teatro come assolutamente secondario*". Cfr., ASMEUS, fondo I 4, raccoglitore n. 7.

[33] ASMEUS, fondo I 4, cartella n. 13.

[34] *Ibidem*.

[35] Il feldmaresciallo si riferiva al rifiuto del maresciallo Badoglio, ed approvato nel settembre da Mussolini, di accogliere in Libia la 3ª Panzer Division (273 carri armati) offerta da Hitler, con la motivazione che in Libia vi erano già sufficienti forze italiane. L'invio della divisione corazzata avrebbe inoltre comportato un trasporto di mesi. Se la Germania voleva aiutare l'Italia poteva mandare soltanto i mezzi per equipaggiare le divisioni del Regio Esercito, ed inviare in Libia, dopo l'allora prevista conquista di Sidi el Barrani - che doveva svolgersi nell'autunno e che non si realizzò - squadriglie di Stuka per battere la base navale di Alessandria.

Il generale Jodl, prendendo la parola, aggiunse:[36]

*1°) Nessun limite verrà posto al concorso tedesco, salvo quelli che possono deviare dalla considerazione del vero comune interesse militare.*

*2°) Il Führer desidera evitare ad ogni costo che unità tedesche siano messe in condizioni di subire non un insuccesso, ma una perdita di prestigio, che deve invece rimanere intatto quale esso si è affermato dopo i grandi risultati ottenuti in questa guerra.*

*3°) La Germania è sicura della vittoria. Non vi è alcuna possibilità che la Germania sia battuta, né per crisi interna, perché mai la Germania è stata nella storia così unita come adesso, non per fame perché la Germania prima di soccombere per fame affamerebbe i cento milioni di abitanti dei paesi occupati. La Germania è militarmente inattaccabile, a prescindere da qualche distruzione che potrebbe subire per effetto dell'offesa aerea.*

*4°) Se la Germania vince, vince anche l'Italia, la quale può essere sicura di ricevere quanto deve avere.*

Carri armati tedeschi tipo III della 3ª Panzer Division durante l'avanzata in Francia nel maggio-aprile 1040. Era la Divisione corazzata che nel settembre di quell'anno Hitler aveva offerto di mandare in Libia, per appoggiare l'offensiva italiana che doveva portare alla conquista del Canale di Suez. L'offerta fu rifiutata dal maresciallo Badoglio, che accettava soltanto i mezzi da combattimento e autocarri, che non furono concessi. Gli italiani intendevano combattere da soli nelle loro zone d'influenza, e questo fu il primo esempio di un errore imperdonabile della formula della guerra parallela che costò caro all'Italia. Da parte tedesca era stato, invece, accettato l'invio in Belgio di una grande unità aerea per partecipare agli attacchi contro l'Inghilterra, che per il materiale obsoleto e le formule di combattimento arretrare, portò soltanto a perdite e delusioni. All'inizio del 1941 gli aerei da bombardamento BR.20 e da caccia Cr.42 e G.50, tornarono in Italia

---

[36] ASMEUS, fondo *I* 4, cartella n. 13.

Passando poi a descrivere quali erano i preparativi che la Germania stava realizzando per attaccare la Grecia, il generale Jodel riferì:[37]

*Due divisioni, delle quali una corazzata ed una corazzata motorizzata, trovansi già in Romania.[38] E' previsto l'impiego di venti divisioni circa, delle quali due da montagna; comandante designato delle truppe operanti è il Maresciallo LIST. I trasporti richiederanno circa 2.000 treni e si svolgeranno intensamente a partire da primo gennaio, in ragione di 50 (cinquanta) treni al giorno _ Le operazioni contro la Grecia, attraverso la frontiera greco-bulgara non potranno avere inizio che nella prima quindicina di marzo, ma è certo che la pressione sulla Grecia si farà sentire molto prima, non appena saranno evidenti i primi concentramenti in Romania.*

Carri armati Panzer IV della 9ª Divisione corazzata (generale Alfred Ritter von Hubicki) in Romania nel febbraio-marzo 1941.

Per la Libia, dopo aver scartato l'idea di inviare reparti leggeri controcarro e mitraglieri, l'OKW si era reso conto che era indispensabile l'impiego di unità corazzate, da concentrare "*inizialmente nella zona di Tripoli, salvo poi a trasferirle in Cirenaica*". Pertanto, il generale Jodl si riservò "*di fare le conseguenti proposte per il Führer ed accennò alla possibilità dell'invio di un Corpo corazzato comprendente reparti corazzati e motorizzati, con una forza di almeno 250 carri*", che aggiunti ai 150 che gli italiani stavano facendo affluire il Libia, avrebbero rappresentato una forza adeguata per affrontare il nemico, che avendo aggirato Bardia - poi caduta il 7

---

[37] *Ibidem.*

[38] Si trattava della 9ª Divisione Corazzata che tra il 15 gennaio e il 27 febbraio 1941 fu trasferita in Romania dalla Polonia, dove era inquadrata nel 40° Corpo motorizzato della 12ª Armata, e che venne impiegata, sempre alle dipendenze della 12ª Armata, come unità di addestramento.

gennaio sebbene fosse difesa da ben 400 cannoni - stava investendo la piazzaforte di Tobruk.

Quest'invio di mezzi e di uomini, questi ultimi possibilmente da trasportare con veloci navi da guerra, considerato il *"mezzo più sicuro per l'incolumità del personale stesso"*, comportava di impiegare il naviglio da trasporto tedesco presente nel Mediterraneo, e di stabilire programmi con gli italiani ed anche *"il buon regolamento delle dipendenze"*. In ogni caso, sottolineo il generale Marras, occorreva fornire un'efficiente *"difesa aerea delle zone d'imbarco e di sbarco"* e *"una protezione dei convogli, che garantisse il minimo rischio di perdite, particolarmente di uomini, le quali sarebbero molto sensibili per il Führer"*.[39]

Carri armati leggeri italiani L 3 abbandonati a Bardia.

Tra le relazioni inviate a Roma sui colloqui italo-tedeschi di Berlino, e sugli accordi che si stavano sviluppando per le forniture belliche all'Italia e che sembravano incoraggianti, particolarmente importante appare il contenuto dei quattro telegrammi (2585/A, 2586/A, 2587/A, 2588/A) inviati dal generale Marras al Comando Supremo. Il generale Guzzoni diramò i telegrammi al ministro degli Affari

---

[39] *Ibidem.*

Esteri, conte Galeazzo Ciano, con la lettera n, 3170/Op. del 31 dicembre 1943 dall'oggetto "*Concorsi germanici*", compilata come segue:[40]

*Maresciallo KEITEL ha tenuto stamani riunione preliminare nella quale ha dichiarato che la Germania verrà incontro massima misura nostre necessità et ha esposto alcune premesse OKW alle attuali trattative.*

*1°) Occorre provvedere subito alle necessità più urgenti et concretate poscia programma a lunga scadenza graduando successive necessità in ordine d'urgenza.*
*2°) Occorre tenere conto tempo occorrente perché aiuto tedesco possa esplicarsi praticamente specie in relazione tempo richiesto per trasporti. Occorre tener conto necessario addestramento all'impiego nuovi materiali; pertanto est necessario venga utilizzato dapprima tutto primo materiale esistente in Italia salvo sostituirlo presso reparti che rimangono Madre Patria con materiali forniti da Germania.*
*3°) OKW est impossibilitato cedere materiale fabbricazione tedesca et pertanto cederà materiali preda bellica in parte non ancora riordinati che dovranno essere rimessi efficienza in Italia.*
*4°) Cessione materie prime implica disciplina rigoroso impiego da parte italiana introducendo sostituzioni eventualmente non ancora applicate.*

*Esaminato oggi in due riunioni con generale JODL richiesta intervento due divisioni corazzate tedesche in Libia. JODL ha promesso che Führer intende fare quanto est possibile per sostenere Italia perché non contrasti con comuni interessi militari. Führer vuole peraltro evitare a truppe tedesche insuccessi che possano offuscare altissimo attuale prestigio forze armate tedesche. Ha poi dichiarato essere opinione OKW che occorra mantenere assolutamente Albania e che occorra ogni costo impedire congiunzione forze inglesi con forze francesi Nord Africa.*
*Sentite esposizioni Generale GANDIN [del Comando Supremo italiano] e discussa situazione generale JODL ha espresso parere che forze tedesche da inviare eventualmente Libia debbano essere costituite essenzialmente da un corpo corazzato che dovrebbe disporre almeno 250 carri. Questione verrà sottoposta urgenza al Führer che trovasi attualmente Berchesgaden. Ritengo piroscafi tedeschi disponibili in Italia. Per dare massima sicurezza trasporto uomini JODL suggerisce ricorrere navi guerra trasportando su piroscafi soltanto materiali. JODL ha evitato prendere qualunque impegno ma ritengo che egli presenterà proposte in modo favorevole.*
*Prolungamento in estremo resistenza Porto Bardia è qui considerato massima importanza ed avrà mio parere grande influenza su decisione et attuazione pratica. Generale GANDIN sarà sera 1° gennaio Roma.*

---

[40] ASMEUS: fondo *I* 4, cartella n. 12.

*Circa offerta una divisione montagna tedesca per Albania ritengo necessario considerare che la sua presenza darebbe garanzia che in caso difficile situazione in Albania forze tedesche interverranno tempestivamente attraverso Bulgaria.*

*Secondo idea OKW divisione tedesca dovrebbe riunirsi appena possibile a forze tedesche operanti su Salonicco.*

*Tengasi altra parte presente che vi est tendenza subordinare invio divisione montagna ad impiego Albania anche divisione alpina Taurinense.*

*Il DUCE, presa visione dei su riportati telegrammi ha ordinato di telegrafare al Generale MARRAS le seguenti sue direttive:*

*a) preparare la divisione alpina tedesca da impiegare sul fronte albanese;*
*b) preparare il corpo corazzato che dovrà operare in Libia;*
*c) accentuare pressione tedesca ed anticipare attacco contro la Grecia attraverso la Bulgaria anche per non dare troppo tempo agli inglesi;*
*d) invece della Taurinense saranno mandati due suoi battaglioni; ricordare ai tedeschi che sono già in Albania quattro delle cinque divisioni alpine disponibili più due raggruppamenti alpini valle.*

Occorre dire che in Italia non ci si rendeva conto delle difficoltà in cui si era messa la Germania con il fallito attacco alla Grecia, anche perché non si conoscevano i piani che i tedeschi stavano approntando per l'attacco alla Russia (operazione "Barbarossa"), i quali non comportavano una preventiva estensione del conflitto ai Balcani per venire in aiuto del debole alleato mediterraneo. Ne è una riprova il fatto che, inviando al generale Marras le istruzioni del Duce, il generale Guzzoni, ritenendo, erroneamente, che l'attacco alla Grecia fosse allora anche negli interessi della Germania, aveva scritto:[41]

*In quanto all'andamento della guerra contro la Grecia se è vero che, sino ad ora, in Albania, si sono avuti degli insuccessi, si ha, però, la certezza di poter capovolgere molto presto la situazione.*

*Indipendentemente da tale considerazione si è dell'avviso che,* **con la nostra azione, si sia reso un notevole servizio alla Germania** *[il neretto è dell'autore] perché, vincolando le truppe greche che hanno combattuto e che combattono contro di noi, si è spianata ai tedeschi la via di Salonicco.*

Nelle discussioni di Berlino furono affrontati dai rappresentanti tedeschi anche altri programmi, che prevedevano "*l'eventuale completamento dell'occupazione di tutto il territorio francese*", mentre i reparti destinati all'occupazione di Gibilterra ("*un reggimento alpino e due battaglioni di pionieri*") si trovavano già in addestramento nella Francia Meridionale, pronti ad entrare in azione per

---

[41] *Ibidem.*

l'operazione, la cui attuazione, della durata prevista in tre giorni, sarebbe iniziata non appena la Spagna si fosse decisa ad entrare in guerra.[42]

La rocca di Gibilterra, con i suoi porti militare e mercantile, un aeroporto un idroscalo e le sue fortificazioni, rappresentava un obiettivo che Hitler intendeva occupare, ma per poterlo fare non ebbe la collaborazione della Spagna, appena uscita da una lunga e disastrosa guerra civile di quasi quattro anni. Il suo Caudillo, generalissimo Francisco Franco, saggiamente rifiutò il passaggio ai tedeschi non intendendo entrare in conflitto con la Gran Bretagna. Ci provò anche Mussolini a convincerlo, nell'incontro di Bordighera del 12 febbraio 1941, ma senza riuscirvi. Certo sul far riflettere Franco alla convenienza di entrare in guerra dovette anche influire il bombardamento di Genova del 9 gennaio da parte delle navi da battaglia *Renown* e *Malaya* della Forza H di Gibilterra, che poi riuscì a sfuggire al tentativo di intercettazione da parte della Squadra Navale italiana, fallito per un incredibile serie di errori.

La conquista di Gibilterra, assieme alla possibilità di contribuire con maggiori mezzi per ristabilire la sfavorevole situazione creatasi nel Mediterraneo, erano elementi che stavano particolarmente a cuore al Comandante in Capo della Marina Germanica, grande ammiraglio Herich Raeder. Egli ne mise a fuoco tutta l'importanza in un rapporto al Führer del 27 dicembre 1943, in cui si svolse la seguente discussione:[43]

---

[42] *Ibidem*.
[43] AUSMM, *Comando Marina Germanica in Italia*, b. 30. * Parallelamente alla decisione di Hitler di aiutare l'Italia con forze aeree alla fine di novembre anche il Comando della *Kriegsmarine*, dopo aver esposto con promemoria la propria preoccupazione per la sfavorevole situazione strategica verificatasi in Mediterraneo, ritenne fosse arrivato il momento di intavolare discussioni con la Regia Marina che portassero ad una maggiore collaborazione in comune. Fu pertanto richiesto un incontro chiarificatore all'ammiraglio Cavagnari, il quale accondiscese il 4 dicembre, concordando con il Grande ammiraglio Raeder quale località dei colloqui Merano. Furono preparati dei promemoria indicativi che dovevano servire di base per le discussioni e per le richieste della Marina italiana, concernenti scambi di valutazioni sulla situazione bellica e sui piani operativi, e il coordinamento delle operazioni in Atlantico e in Mediterraneo.

*Esame della situazione:*

*I timori dello Stato Maggiore della Marina circa gli sfavorevoli sviluppi della situazione nel Mediterraneo orientale sono risultati fondati. Il nemico ha preso ovunque l'iniziativa sta dovunque conducendo delle fortunate azioni offensive - in Grecia, in Albania, in Libia e in Africa orientale: inoltre si può prevedere un imminente ed efficace attacco contro le isole italiane del Dodecanneso; il tutto come risultato del grave errore strategico dell'Italia.*

*Lo Stato Maggiore della Marina considera con apprensione gli Sviluppi della situazione mediterranea. A parte il notevole prestigio guadagnato dall'Inghilterra, i successi militari e strategici non devono essere sottovalutati. La minaccia all'Egitto, e perciò alle posizioni britanniche dell'intero Mediterraneo orientale, nel Medio Oriente ed in tutto il Nord Africa è stata annullata con un sol colpo.*

*L'Inghilterra ha guadagnato: un forte consolidamento delle sue posizioni nel Mediterraneo orientale; il dominio del Mediterraneo; la possibilità di ritirare dall'Egitto per mandarle in Grecia notevoli forze aeree, terrestri e navali. Il ritiro di unità aeree e di formazione dell'Esercito ed il loro trasferimento nella zona greca sono già stati notati. La costruzione di basi aeree in Grecia sta procedendo. Il fatto che forze navali, navi da battaglia e incrociatori abbiano lasciato il Mediterraneo per l'Atlantico ha un grande significato per la guerra sul mare.*

*Come giudica il Führer la situazione politica internazionale dell'Italia, la posizione di Mussolini, la stoffa e il morale del popolo italiano? Deve la Germania dare il suo appoggio all'Italia onde rafforzare la posizione di Mussolini?*

*Il Führer risponde che all'Italia manca completamente una guida. La famiglia reale è filoinglese: essa dovrà essere tolta di mezzo se agisce contro Mussolini. Il Führer sta considerando dove l'intervento tedesco sarebbe più efficace. Forse a Tripoli, preferibilmente con una spinta dal Marocco spagnolo, donde l'Africa settentrionale può più facilmente essere controllata. A tal fine bisogna prendere Gibilterra.*

*Risultato degli ultimi sviluppi della situazione mediterranea:*
*a. La posizione dell'Italia è decisamente peggiorata, con serie conseguenze per la sua capacità di resistenza.*

---

Ma l'incontro fu poi rimandato ad altra occasione [14 febbraio 1941], a causa dell'avvicendamento ai vertici della Marina, che consigliò il Comandante in Capo della Marina tedesca a dare all'ammiraglio Riccardi il tempo necessario per impadronirsi dei suoi compiti di Capo di Stato Maggiore. Cfr. Francesco Mattesini, "Corrispondenza e direttive tecnico operative di Supermarina", Volume Primo II Tomo, USMM, Roma, 2000, Doc. n. 343, p. 956, Doc. n. 344 p. n. 957 e Doc. n. 345 p.958-961.

*b.* Non è più possibile estromettere la flotta britannica dal Mediterraneo, come lo Stato Maggiore della Marina ha continuamente chiesto ritenendo un simile passo vitale per l'esito della guerra.

*c.* In generale è aumentato il pericolo per gli interessi tedeschi e quindi europei nella zona africana.

Non è perciò più possibile la decisa azione nel Mediterraneo nella quale avevamo sperato.

*Questione di Gibilterra:* Il significato d'una occupazione tedesca di Gibilterra è aumentato in seguito ai recenti sviluppi della situazione in Mediterraneo. Tale occupazione proteggerebbe l'Italia; salvaguarderebbe il Mediterraneo occidentale; assicurerebbe la linea di rifornimento dell'Africa settentrionale, importanti per la Spagna, per la Francia e per la Germania; eliminerebbe un'importante anello della catena del sistema dei convogli britannici in Atlantico; chiuderebbe il Mediterraneo alle rotte inglesi per Alessandria e per Malta; complicherebbe l'azione offensiva inglese in Cirenaica e in Grecia; darebbe sollievo agli italiani e renderebbe possibile una penetrazione tedesca in Africa via Marocco Spagnolo.

Ci occorrono dei porti spagnoli, ad esempio Ferrol e Cadice per sommergibili e navi da battaglia, onde facilitare gli attacchi ai convogli.

*Concludendo:* L'occupazione di Gibilterra è di grande importanza per la continuazione della guerra della Germania. Le ragioni strategiche per una sollecita esecuzione dell'operazione "Felix" sono tutt'ora valide.

*Il Führer risponde che è pienamente d'accordo per quanto si riferisce all'importanza dell'occupazione di Gibilterra. Al momento, però, Franco non è pronto: la sua decisione è ritardata dalle promesse inglesi di rifornimenti di viveri. Un giorno risulterà che tale promesse sono una frode e la Spagna si troverà senza rifornimenti. Il Führer cercherà ancora una volta d'influire su Franco per mezzo del Ministro degli Esteri e tramite l'Ambasciatore spagnolo.*

Purtroppo, o fortunatamente per i britannici, l'intenzione di Hitler di portare in guerra la Spagna non si realizzò per l'opposizione di Franco; e fallì pertanto anche l'intendimento del Führer di creare in Marocco un fronte comune, che portasse, assieme alla Francia, ad estendere le operazioni dell'Asse in Africa occidentale, creando, nel contempo, basi come quelle della penisola Iberica e di Casablanca. Esse sarebbero servite, in oceano, per ampliare l'attività navale contro la Gran Bretagna, facendovi partecipare, con l'apertura dello Stretto di Gibilterra, anche le unità pesanti della Regia Marina.

Occorre considerare, che l'entrata in guerra della Spagna e della Francia al fianco delle due potenze dell'Asse, e il taglio delle linee di rifornimento oceaniche che alimentavano le isole britanniche e le forze combattenti sui fronti oltremare, avrebbe finito per isolare la Gran Bretagna in Atlantico, con buone possibilità di costringendola ad arrivare a quella pace di compromesso che era nelle intenzioni di

Hitler e, forse, anche di Mussolini. Inoltre, con la fine dei combattimenti in occidente e nello scacchiere del Mediterraneo, Hitler sarebbe stato in grado di sviluppare le sue mire espansionistiche verso la Russia con forze ben più potenti di quelle impiegate nel giugno del 1941, e che solo per l'anticipo della stagione invernale non portarono alla conquista di Mosca, infliggendo un colpo mortale per il prestigio e il morale dell'Unione Sovietica.

L'incontro di Bordighera del 12 febbraio 1941. Da Destra Benito Mussolini, Francisco Franco e il Ministro degli Esteri spagnolo Serrano Sunia.

Forse la guerra non sarebbe finita, anche per l'enigma rappresentato dalle intenzioni degli Stati Uniti; ma, piegata la Gran Bretagna e messa sull'angolo l'Unione Sovietica, difficilmente la Germania sarebbe uscita dal conflitto con una sconfitta disastrosa, come quella del 1945. Ne consegue che, forse a ragione, l'opposizione di Franco a tenere la Spagna fuori dal conflitto fu considerata, a Berlino e a Roma, un atto di ingratitudine che non tenne conto dell'aiuto che la Germania e l'Italia gli avevano concesso, a piene mani, nel corso della guerra civile del 1936-1939. Guerra vinta dal Caudillo proprio in virtù delle armi, dei mezzi, dei rifornimenti concessi da Italia e Germania e, non dimentichiamolo, anche degli uomini dalle due nazioni dell'Asse, di terra, di cielo e di mare, che furono impegnati generosamente in terra iberica.

\*\*\*

Prima di riprendere il discorso sull'aiuto tedesco vediamo adesso quale era la situazione sul mare. Di fronte alle sollecitazioni di Mussolini che premeva sul Comando Supremo per rendere sicure le rotte di rifornimento con Valona – il cui porto era stato bombardato nella notte sul 19 dicembre da due corazzate della Mediterranean Fleet, la *Warspite* (ammiraglio Andrew Browne Cunningham) e la *Valiant* – il giorno 27 del mese il generale Guzzoni, presiedette una riunione, tenuta al Ministero della Guerra, presenti i capi delle Forze Armate. Quindi diramò una direttiva agli Stati Maggiori, con cui si chiedeva alla Regia Marina di occuparsi, in ordine di precedenza su ogni altra esigenza operativa, della difesa dell'Albania, da realizzare in stretta collaborazione con l'Aeronautica. Occorreva sorvegliare il Canale d'Otranto con crociere di vigilanza espletate dagli incrociatori leggeri della 7ª e 8ª Divisione Navale, con l'incremento degli sbarramenti minati e dei sommergibili in mare, e rafforzare l'attività della ricognizione marittima.[44]

Nessun accenno era fatto all'impiego delle tre corazzate efficienti della Squadra Navale (*Vittorio Veneto*, *Giulio Cesare*, *Andrea Doria*), che si trovavano dislocate nel Tirreno, il cui eventuale intervento era da considerare rischioso e nel contempo scarsamente efficace, in considerazione del fatto – come si espresse Supermarina in un suo promemoria del 30 dicembre – che, dopo l'esperienza di Capo Teulada, "*era venuta a mancare la possibilità di affrontare con superiorità di forze l'una o l'altra delle due flotte britanniche*".[45]

La Marina si trovava in effetti in una situazione molto delicata, poiché gli era ormai impossibile di esercitare la difesa del dispositivo del Canale di Sicilia, perché gran parte delle siluranti erano state assegnate alla difesa del traffico.[46]

Nel contempo era venuta a mancare perfino la possibilità di controllare ed attaccare dal cielo i movimenti delle navi nemiche, per la grave diminuzione della Ricognizione marittima, determinata dalle forti perdite subite, e per il fatto che gran

---

[44] Francesco Mattesini, *Corrispondenza e direttive tecnico-operative di Supermarina*, Volume primo II Tomo, USMM, cit., Doc. n. 374, p. 1031-1034, e Doc. n. 375, p. 1035-1036.

[45] *Ibidem*, Doc. n. 1046, p. 1046-1051. Vedi anche Francesco Mattesini e Mario Cervelli, *Le direttive tecnico operative di Superaereo*, Volume primo I Tomo, SMAUS, Roma, 1992, Doc. n. 130, p. 411-412.

[46] Nel corso del 1940, i cacciatorpediniere e le torpediniere – oltre ad essere intensamente impiegati in attività di squadra e antisom, nella protezione del traffico marittimo e nelle missioni di agguato nel Canale di Sicilia e nelle acque di Malta – svolsero alcuni bombardamenti costieri. Essi furono inizialmente limitati alla zona di confine fra la Cirenaica e l'Egitto e quindi, a iniziare dalla fine di ottobre, con l'inizio dell'offensiva in Epiro, il cui andamento sfavorevole costrinse la Marina ad appoggiare l'Esercito con lo scarso naviglio leggero a disposizione nei porti dell'Albania e delle Puglie, anche lungo le coste ioniche della Grecia settentrionale. Si trattò pur sempre di azioni molto modeste, limitate entro l'anno a sei bombardamenti espletati da una ventina di unità. Il più efficace, ameno dal punto di vista della potenzialità, fu espletato dagli incrociatori della 7^ Divisione Navale *Eugenio di Savoia* e *Raimondo Montecuccoli*, che il 25 dicembre presero a bersaglio la località di Lucova. Come risulta da un promemoria compilato da Supermarina il 25 dicembre fu però sconsigliato di estendere l'offesa a Porto Edda, sulla costa albanese meridionale caduta in mano al nemico e ove affluivano i rifornimenti greci destinati in prima linea, per il timore che, nel frattempo, la zona fosse stata minata.

parte dei reparti da bombardamento della Regia Aeronautica erano stati sottratti all'appoggio delle operazioni navali, per essere assegnati ai fronti terrestri che apparivano sempre più pericolanti.

In questa situazione veramente tragica, il generale Guzzoni aveva invitato Supermarina e Superaereo ad appianare le loro divergenze sui problemi concernenti l'incremento dei velivoli richiesti per le esigenze della Ricognizione Marittima, e poiché la questione era veramente di difficile soluzione, chiese alle due parti di concordarla con i mezzi disponibili.[47]

Il Sottocapo di Stato Maggiore Generale dovette anche affrontare la spinosa questione della insufficiente collaborazione aero-navale, nuovamente emersa dopo la battaglia di Capo Teulada del 27 novembre, e nella quale Marina e Aeronautica, ciascuna difendendo il proprio operato, si scambiarono accuse di colpe e responsabilità.[48]

Dopo il disastro di Taranto dell'11 novembre 1940 il Duce incoraggiò l'attività della Marina ad attaccare il traffico inglese nel Mediterraneo con direttiva trasmessa dal Comando Supremo il 24 novembre.[49] Pertanto, quando il giorno 26 fu accertato che la Forza H di Gibilterra, con l'incrociatore da battaglia *Renown*, la portaerei *Ark Royal* e quattro incrociatori leggeri, stava muovendo verso oriente per svolgere un'operazione dagli scopi non ancora definiti, ma che riguardava la scorta di un convoglio proveniente dall'Inghilterra e diretto a Malta, le corazzate *Vittorio Venero* e *Cesare* e sei incrociatori pesanti salparono da Napoli, per cercare di sfruttare l'occasione favorevole. L'indomani, muovendo a sud di Capo Teulada, all'estremità sud-occidentale della Sardegna, le navi italiane si trovarono impegnate in combattimento con le unità britanniche, le quali nel frattempo erano state raggiunte da una corazzata, la *Malaya*, e da due incrociatori partiti da Alessandria, che erano transitati nella notte per il Canale di Sicilia valendosi dell'appoggio inizialmente fornito dalla *Mediterranean Fleet*.

L'ammiraglio Inigo Campioni, Comandante Superiore in Mare della flotta italiana, a cui l'ammiraglio Cavagnari, nell'impartire le direttive di Supermarina gli aveva dato l'ordine categorico di impegnarsi soltanto se vi fossero state condizioni veramente vantaggiose, non ritenne consigliabile affrontare il rischio di sostenere un combattimento alla pari, che avrebbe potuto comportare perdite di natura in quel momento inaccettabili. Pertanto preferì disimpegnarsi, proprio mentre il nemico entrava in contatto con gli incrociatori della 2ª Squadra (ammiraglio Angelo Iachino), che precedevano le navi da battaglia della 1ª Squadra (ammiraglio Campioni), le quali intervennero soltanto nell'ultima fase del combattimento, aprendo brevemente il fuoco con la torre poppiera della *Vittorio Veneto*, quando la situazione delle unità dell'ammiraglio Iachino si stava facendo molto pericolosa. La *Vittorio Veneto* sparò soltanto 19 proiettili da 381 mm a grandissima distanza, ma che bastarono per far <u>allontanare gli incrociatori</u> britannici, sostenuti dall'incrociatore da battaglia *Renown*.

---

[47] Francesco Mattesini: "*Corrispondenza e direttive tecnico-operative di Supermarina*", Volume primo II Tomo, USMM, cit., Doc. n. 364, pag. 1007.
[48] Francesco Mattesini, *La battaglia di Capo Teulada*", USMM, Roma, 2000.
[49] *Ibidem*

Battaglia di Capo Teulada, 27 novembre 1940. Sopra, due incrociatori britannici della classe "Southampton", mentre sparano con le torri da 152 mm, ripresi dall'incrociatore *Sheffield* durante l'inseguimento alla flotta italiana che si ritira verso il Tirreno per evitare il combattimento. Sotto, *Southampton* sotto il tiro degli incrociatori italiani della 2ª Squadra (ammiraglio Angelo Iachino) che ritirandosi e facendo fumo sparano con le torri poppiere da 203 mm.

L'incrociatore italiano *Trieste* risponde al tiro delle navi britanniche sparando in ritirata con i 4 pezzi da 203 mm delle torri di poppa.

L'incrociatore *Bolzano*, per occultarsi al tiro britannico, manovra a grande velocità stendendo una cortina di fumo. Nel combattimento di Capo Teulada due proiettili da 203 mm colpirono l'incrociatore *Berwick* e tre proiettili da 152 mm il cacciatorpediniere italiano *Lancere*, entrambi danneggiati, mentre l'incrociatore Southampton fu colpito sotto lo scafo da un proiettile da 203 mm che però non esplose, come fu scoperto dopo che l'incrociatore era entrato in bacino per lavori.

L'incrociatore da battaglia *Renown* appoggia l'attacco degli incrociatori britannici sparando in caccia con i suoi quattro cannoni da 381 mm delle due torri prodiere.

Nel combattimento intervenne anche la Regia Aeronautica con i suoi bombardieri S. 79 del 32° Stormo dalla Sardegna, che sganciarono da alta quota, ma senza successo. L'immagine mostra la portaerei Ark Royal, che spara con i suoi cannoni da 114 mm, mentre è inquadrata da una salva di bombe.

Il fatto che la flotta italiana avesse combattuto mostrando la poppa al nemico, fu polemizzato acerbamente dalla propaganda britannica, e Mussolini a cui era stato detto che, in definitiva, il combattimento di Capo Teulada si era risolto in modo soddisfacente, tanto che gli equipaggi delle due Squadre navali furono apertamente elogiati dall'ammiraglio Cavagnari, non ne restò certamente molto contento. E infatti, pochi giorni dopo il Duce sostituì Cavagnari con l'ammiraglio Arturo Riccardi, che inizialmente mostrò di aver un certo spirito di aggressività, per poi continuare quella che era stata la prudenza tattica del suo predecessore dopo la sconfitta di Capo Matapan del 28 ottobre 1941, in cui andarono perduti gli incrociatori *Pola*, *Zara*, *Fiume* e i cacciatorpediniere *Alfieri* e *Carducci*, e fu danneggiata da siluro aereo la corazzata *Vittorio Veneto*.[50]

Alla fine del 1940 la Marina italiana si trovava in una situazione organica alquanto sfavorevole, avendo temporaneamente danneggiate, e quindi fuori servizio per lunghi lavori, tre corazzate e l'incrociatore pesante *Pola*, che era stato gravemente colpito il 14 dicembre a Napoli da una bomba, nel corso di un'incursione condotta da dieci velivoli "Wellington" del 148° Squadron della RAF decollati da Malta. Fino a quel momento erano stati perduti un incrociatore (*Bartolomeo Colleoni*) nove cacciatorpediniere, cinque torpediniere, diciassette sommergibili e nove unità minori ed ausiliarie; ne conseguiva che, non potendo contare sulle navi che si trovavano in temporanee riparazioni (tre incrociatori e quattro cacciatorpediniere) e su quelle assegnate ad altri compiti, secondo un altro promemoria preparato dal Comando Supremo il 26 dicembre, la situazione delle unità efficienti della Squadra Navale era la seguente: 3 navi da battaglia, 5 incrociatori pesanti, 4 incrociatori leggeri e 30 cacciatorpediniere.[51]

Nello stesso tempo la *Royal Navy*, aveva riporto, fino a quel momento, perdite minori, quantificate in 1 incrociatore (*Calypso*), 3 cacciatorpediniere, 9 sommergibili, 3 navi ausiliarie, a cui si aggiungevano un incrociatore (*Helli*) ed un sommergibile greco ed un sommergibile francese. Pertanto, alla fine del 1940, la Mediterranean Fleet e la Forza H disponevano in efficienza di 6 corazzate, 3 navi portaerei, 10-12 incrociatori e 30-35 cacciatorpediniere, con i quali controllava il Mediterraneo, tra Alessandria e Gibilterra.

Dalla prudente direzione della guerra navale italiana, ampiamente dimostrata dall'impostazione del problema strategico e dalla condotta delle operazioni, e che aveva concesso al nemico di conseguire il domino del mare, si deve dedurre che le

---

[50] Francesco Mattesini, *Il giallo di Matapan*, Edizioni dell'Ateneo, Roma, 1985 (p. 208); Francesco Mattesini, *L'operazione Gaudo e lo scontro notturno di Capo Matapan*, Ufficio Storico della Marina Militare, Roma, 1998 (p. 740). * Durante le operazioni che portarono la Flotta italiana
alla sconfitta di Capo Matapan, il divario delle perdite e l'onore della Regia Marina furono in parte riequilibrati e salvati, in quello stesso periodo di fine marzo 1941, dalla straordinaria impresa dei barchini d'assalto della X Flottiglia Mas contro la base britannica della baia di Suda, in cui fu immobilizzato l'incrociatore pesante *York*, e dal successo del sommergibile *Ambra*, conseguito con l'affondamento di un secondo incrociatore britannico, il *Bonaventure*.

[51] *Ibidem*, Doc. n. 373, p. 1029-1030. Vedi anche Francesco Mattesini e Mario Cermelli, *Le direttive tecnico operative di Superaereo*, Volume primo I Tomo, SMAUS, cit., Doc. n. 117, 118, 119, 120, p. 380-387.

lacune maggiori derivavano da vari fattori, tutti importanti. Il primo in assoluto era causato dal fatto che, negli anni dell'anteguerra, la Regia Marina aveva voluto curare più l'apparenza che la sostanza, costruendo navi molto leggere e vulnerabili e trascurando di dotarsi di naviglio e apprestamenti tecnici che in tempi di pace non apparivano indispensabili sebbene essenziali per gli scopi bellici.

Spiacevoli realtà erano determinate dall'insufficiente cooperazione aeronavale, che non permetteva di sfruttare adeguatamente le Forze Aeree nell'impiego coordinato con le Forze Navali, a cui si aggiungeva la mancanza di una continua copertura aerea che permettesse di contrastare i temuti attacchi dell'aviazione avversaria; specialmente quella proveniente da portaerei; navi la cui costrizione era stata sacrificata - più che per la opposizione dell'Aeronautica - dai vertici della Regia Marina con la precedenza accordata, in sede di bilancio, agli incrociatori della classe "Trento" e poi alle corazzate della classe "Littorio".

La prudente condotta offensiva della flotta italiana derivava anche in gran parte da una tacita convinzione della superiorità navale britannica ampiamente dimostrata negli scontri dei primi sei mesi di guerra, e derivante da quattrocento anni di esperienze navali espresse dalla *Royal Navy* ad alto livello. Vi era poi la consapevolezza che, mentre il nemico aveva la possibilità di sostituire nel Mediterraneo le unità perdute o gravemente danneggiate, attingendo ad altri scacchieri, le perdite italiane non avrebbero potuto essere sostituite, mancando un iniziale programma di costruzioni, che peraltro sarebbe stato reso precario nel suo sviluppo, se non impossibile, dalla lacuna di materie prime. Ciò sarebbe stato ampiamente dimostrato dalle interruzioni dei lavori, già in stato avanzato, sulla corazzata *Impero* e su ben sette dei dodici incrociatori leggeri della classe "Capitani Romani"; unità, peraltro, di discutibile valore bellico essendo al massimo dei supercacciatorpediniere, che in parte furono smantellati per la necessità di procurare le materie prime necessarie a costruire navi di maggiore utilità, come i sommergibili e le torpediniere, la cui realizzazione per rimpiazzare le perdite era stata insistentemente richiesta tra la metà di settembre e la metà di ottobre 1940 dalla Marina.

Da queste constatazioni ne conseguì la sempre più eccessiva prudenza operativa dell'estate e dell'autunno del 1940, con la tattica del "Fleet in being" e il rifiuto di spingere gruppi leggeri lontano dalle proprie coste metropolitane; fino ad arrivare al disastro di Taranto, in cui la specialità degli aerosiluranti, che era stata alquanto sottovalutata in Italia, nonostante da molto tempo il siluro aereo fosse stato studiato dalla Marina e sperimentato dall'Aeronautica, ma non sviluppato per reciproche incomprensioni proseguite anche a conflitto avanzato, dimostrò tutto il suo valore di arma distruttiva, soprattutto per le carene delle corazzate rimodernate classe "Cavour".[52]

---

[52] Per l'attività degli aerosiluranti vedi il recente libro dell'Autore *Luci e ombre degli Aerosiluranti italiani e tedeschi nel Mediterraneo Agosto 1940 - Settembre 1943*; **Ri**stampa Edizioni , Rieti, 2019, p. 358.

Il *Pompeo Magno*, uno dei tre incrociatori leggeri della classe "Capitani Romani" che fu ultimato nel corso della guerra. L'immagine è del 1943.

L'insufficienza di addestramento del personale delle navi e le lacune registrate nell'insufficienza del tiro, per l'imprecisione dei telemetri e per la eccessiva dispersione delle salve, constatata specialmente negli scontri notturni, la mancanza di navi portaerei e del "Radar" e la sempre più marcata deficienza nelle scorte della nafta, furono problemi che soltanto marginalmente avevano condizionato la condotta della Marina nel corso del 1940. Essi sarebbero poi sorti tragicamente nel corso dell'anno successivo.

Pertanto, fino a quel momento la Regia Marina era venuta a mancare come fattore di forza per contrastare le iniziative della Royal Navy, mentre la Regia Aeronautica, a causa soprattutto del materiale di volo obsoleto e dalla mancanza di bombardieri in picchiata e di un adeguato numero di aerosiluranti, non era stata in grado di contribuire a combattere efficacemente le forze navali britanniche.[53]

---

[53] Alle lacune della flotta si aggiunsero gli insuccessi dei sommergibili, a cui erano stati dati istruzioni ed ordini operativi non sempre adeguati per agire in settori in cui il traffico britannico, dopo la resa della Francia, era divenuto molto scarso. Nel maggio 1940, prima dell'entrata in guerra dell'Italia, la Gran Bretagna aveva abbandonato le rotte del Mediterraneo dirette all'Estremo Oriente attraverso il Canale di Suez, dirottandole per la più lunga ma più sicura rotta oceanica del Capo di Buona Speranza. Supermarina si era resa conto che l'attività dei molti sommergibili operanti nel Mediterraneo sarebbe stata vanificata, anche perché i bersagli rimasti erano costituiti da scarsi convogli locali fortemente scortati, e dalle maggiori navi da guerra che si muovevano sempre adeguatamente protette da cacciatorpediniere. Minacciosa era poi la vigilanza effettuata dagli aerei della RAF, agevolata dal fatto che i settori operativi assegnati ai sommergibili nei passaggi obbligati ricalcavano sempre più o meno gli stessi schemi di sbarramento, ed erano prevedibili. Ne risultarono nel 1940 scarsi successi, limitati all'affondamento di due incrociatori (il britannico *Calipso* e il neutrale greco *Helli*), un cacciatorpediniere (*Escort*), un sommergibile (*Raimbow*), cinque navi mercantili nessuna delle quali britanniche, e al danneggiamento dell'incrociatore *Coventry*.

In queste condizioni, in cui il Regio Esercito si trovava sotto la minaccia di venire travolto in Albania dai greci e di essere estromesso dalla Libia dai britannici, l'Italia, povera di risorse e senza una flotta e un'aviazione forte che permettessero di risollevare le sorti del conflitto, era destinata a soccombere in pochi mesi se non fosse sopraggiunto l'aiuto tedesco, dapprima in aria e in terra e poi, a partire dalla fine di settembre 1941, anche in mare.

Per concludere il discorso sulla prudente condotta della Regia Marina, occorre dire alla metà di maggio 1941 la Germania, che era venuta nel Mediterraneo per togliere agli italiani le castagne dal fuoco, chiese che alla conquista di Creta, con inizio fissato al giorno 20 del mese, la flotta italiana vi partecipasse con le sue grandi navi di superficie, che avrebbero usufruito del massiccio appoggio aereo della Luftwaffe. La flotta italiana poteva ancora contare su un considerevole complesso di unità navali, sia dal punto di vista numerico che potenziale. Il danneggiamento della moderna corazzata *Vittorio Veneto* nell'infausta giornata di Capo Matapan, che rimase fuori servizio fino alla metà di giugno, era stato compensato dal rientro in squadra della gemella *Littorio*, rimessa in efficienza dopo il triplice siluramento subito a Taranto nella notte dell'11 novembre 1940. Conseguentemente la Squadra Navale dell'ammiraglio Angelo Iachino era in grado di mantenere il suo complesso di forza su 4 navi da battaglia, sostenute da 14 incrociatori e da circa 30 cacciatorpediniere, con il quale poteva scegliere il momento ritenuto più favorevole per attaccare, quando il nemico si fosse trovato in mare con forze ridotte. Ciò nonostante, come era già accaduto all'inizio di aprile per il richiesto appoggio navale tedesco nel corso della conquista della Grecia, disatteso da Supermarina, anche per la conquista di Creta le richieste avanzate da Berlino furono rifiutate con la discutibilissima giustificazione, che la superiorità della Mediterranean Fleet era talmente marcata da rendere troppo pericoloso e sterile l'intervento navale italiano.[54]

## LA FINE DELLA GUERRA PARALLELA

Il 1° gennaio 1941, in una riunione tenuta al Comando Supremo presenti l'ammiraglio Riccardi e i generali Pricolo, Roatta e Quirino Armellini, il Sottocapo di Stato Maggiore Generale affermò "*che le trattative con la Germania*" stavano "*procedendo bene*", con l'accelerazione dell'invio di un fortissimo contingente di truppe in Romania per mezzo di 2.000 treni, che si prevedeva sarebbe stato ultimato

---

Nello stesso tempo andarono perduti quattordici sommergibili, il cui affondamento fu agevolato anche dalle loro lacune costruttive, disponendo di scarsissima rapidità di immersione, bassa velocità in quota, apparati di rilevamento e di lancio insufficienti, sovrastrutture vistosissime in superficie, che le rendevano facilmente localizzabili anche di notte. Per saperne di più sulle lacune dei sommergibili, Francesco Mattesini, *Betasom - La guerra negli Oceani (1940-1943)*, seconda edizione, Ufficio Storico della Marina Militare, Roma 2002.

[54] Francesco Mattesini, *La Battaglia di Creta Maggio 1941, Il contributo delle Forze Armate italiane*, Saggio in Collana SISM e Academia Edu.

per la metà di febbraio. Poiché il Governo ellenico sembrava intenzionato a non opporsi a quella minaccia, il generale Guzzoni affermò che vi era pertanto per l'Italia "*la necessità di reagire contro la Grecia*", allo scopo che questa reazione potesse"*consentire di far cambiare il vento prima*" che la 6ª Divisione alpina, offerta dalla Germania per l'Albania e accettata dal Duce, arrivasse a destinazione.[55]

Gli Alpini tedeschi della 6ª Divisione mentre si imbarcano su aerei da trasporto Ju 52 per essere trasportati a Creta nella terza decade di maggio 1941. Inizialmente tenuti pronti ad appoggiare l'Esercito italiano in Albania, dopo la conquista della Grecia furono impiegati nell'invasione di Creta assieme ai paracadutisti della 7ª Divisione. Una parte degli alpini fu trasportato nell'isola con convogli di motovelieri scortati da torpediniere italiane.

Come si capisce l'Italia non voleva restare sulle posizioni difensive prima dell'intervento tedesco, come avevano chiesto i responsabili dell'OKW, ma il vivo desiderio era quello di concludere vittoriosamente da sola, con gli ingenti rinforzi che arrivavano in Albania dalla penisola, la guerra contro la modesta Grecia. Era anche il modo più ragionevole per cercare di salvare la faccia, e risollevare, almeno in parte, il prestigio che aveva perduto nei confronti della Germania, in campo internazionale e in quello interno.

Ottenere quel risultato divenne ancora più urgente in seguito ad una lettera (N. 2648/A) spedita il 4 gennaio al Gabinetto della Guerra dal generale Marras, nella quale si affermava che, sebbene l'entrata in guerra dell'Italia contro la Grecia avesse "*sorpreso e contrariato la Germania*", quest'ultima, come aveva fatto intendere il generale Alfred Jodl, era intenzionata "*a volgere la situazione a proprio vantaggio*",

---

[55] ASMEUS, fondo *H 10*, cartella n. 1.

con l'occupazione di Salonicco. Questo obiettivo, specificò Marras, costituiva per Berlino "*la ripresa di vecchie aspirazioni mai abbandonate*, e rispondeva "*a potenti interessi politici che spingono la Germania ad aprirsi un blocco verso il Mediterraneo*". E aggiunse:[56]

*Mentre, infatti, inizialmente la Germania era partita dal riconoscimento del Mediterraneo quale piena sfera d'influenza italiana, le idee al riguardo si sono venute gradualmente modificando verso una crescente ingerenza nelle questioni del Mediterraneo, accentuatasi dopo i recenti avvenimenti militari italiani.*

*Oggi si pronuncia chiaramente l'idea che anche per la Germania il Mediterraneo è una via indispensabile e che pertanto la Germania debba raccogliere la successione dell'Inghilterra, almeno per quella parte che il Duce nel suo discorso lasciava all'Inghilterra ("il Mediterraneo è per noi la vita, per l'Inghilterra soltanto una via".*

Il generale Marras aggiunse che in questa "*espressione di interessi economici e di correnti espansionistiche diffuse e sempre più accentuate*" da parte di esponenti politici e militari che vedevano la "**Neuordnung** *europea come una funzione esclusivamente germanica nella sua sostanza*". Ne conseguiva che una costante pressione veniva esercitata, "*da elementi vicini al Führer*", per "*influenzare il pensiero di Hitler - in continua evoluzione*". Per la Germania l'occupazione di Salonicco assumeva quindi una grande importanza, e tendeva a spiegare il motivo per il quale il Reich intendeva "*impedire l'intervento della Jugoslavia, il cui primo obiettivo*", di una guerra contro la Grecia "*sarebbe appunto l'occupazione di Salonicco*".

Vi era poi l'enigma sul comportamento che avrebbe tenuto la Grecia nei confronti di un'invasione da parte della Germania. Questa manteneva ancora "*ottime relazioni*" con il Governo di Atene, che a sua volta evitava di "*provocare un intervento tedesco*". Ne era una riprova il fatto che, sebbene esistessero sugli aeroporti ellenici molti reparti da bombardamento britannici, fino a quel momento nessun bombardamento era stato portato dalla RAF sui pozzi petroliferi romeni, evidentemente per non irritare la Germania, che ormai ne esercitava il controllo. Pertanto, concludeva Marras, occorreva considerare se la Grecia, avrebbe opposto resistenza ad "*un'offensiva germanica*" preferendo "*l'occupazione tedesca a quella italiana*" e facendo "*così mancare all'Italia la rivincita alla quale essa ha diritto*":[57]

Di fronte a questa inquietante prospettiva, era ormai interesse primario dell'Italia d'impedire l'intervento della Germania contro la Grecia o di attenuarlo conquistando più territorio ellenico possibile; e questo spiega, in modo più che evidente, tutte le sollecitudini che nei mesi successivi venivano da Mussolini e dagli ambienti militari italiani per riorganizzate le truppe e affrettare la controffensiva in Albania che portasse, rapidamente, ad ottenere la capitolazione ellenica.

---

[56] ASMEUS, fondo *L 13*, cartella n. 16.
[57] *Ibidem*.

Per la povertà dell'Aviazione della Grecia l'appoggio aereo era quasi interamente compito della RAF che aveva trasferito in territorio ellenico alcuni Squadron di bombardieri Blenheim e di caccia Hurricane. Nell'immagine un Blenheim del 211° Squadron a Menidi/Tatoi nel 1941.

Ma fatti i conti, che comportavano ancora di realizzare il trasporto in Albania di cinque divisioni e la ricostituzione di quelle che già si trovavano sul posto, fu constatato che la controffensiva italiana, che doveva iniziare ai primi di marzo, in concomitanza con l'inizio dell'attacco tedesco in direzione di Salonicco – pur prevedendo l'impiego di venticinque divisioni contro le prevedibili venti greche – non avrebbe potuto permettere di estendere di molto la conquista del territorio ellenico per mancanza di forze motorizzate che accelerassero la marcia delle truppe, quasi tutte appiedate. Fu pertanto proposto a Berlino che la ripartizione dei territori da occupare dagli italiani e dai tedeschi venisse stabilità prima dell'inizio dell'offensiva, riservando all'Italia tutta la parte occidentale della Grecia. Hitler, volendosi dimostrare un alleato disponibile e non invadente, nonché sincero amico di Mussolini, accettò questa ripartizione.

Comunque, i guai degli italiani non riguardavano soltanto la Grecia, ma erano determinati da un insieme di situazioni sfavorevoli in tutto il Mediterraneo.

Soldati greci con le loro armi individuali.

Ragion per cui, volenti o nolenti, essi furono costretti a continuare ad invocare l'aiuto tedesco, che si concretò il 10 gennaio 1941, quando il generale von Rintelen, consegnò al generale Guzzoni, per incarico dell'OKW, il seguente documento Nr. 19/41 g.Kdos - Segreto:[58]

*Per incarico dell'Alto Comando delle Forze Armate Germaniche mi permetto di comunicare quanto segue:*
*- Il Führer ha disposto l'approntamento di una unità germanica prevista con carri armati, adatta per il rinforzo della difesa della Tripolitania. Tale unità, facendo seguito alle divisioni corazzate e motorizzate italiane, potrebbe essere trasferita nella Tripolitania ove il Comando Italiano lo ritenesse ancora desiderabile.*
*- Verrà approntato, in primo luogo, una divisione alpina germanica per il trasferimento in Albania. Altre forze sono previste se dalle ricognizioni da parte di ufficiali dell'Esercito Germanico e dalle loro consultazioni con il Comando Superiore Italiano in Albania risulterà che il servizio logistico anche per forze germaniche più ingenti sarà assicurato oltre a quello per le divisioni italiane.*

---

[58] ASMEUS: fondo *L 13*, cartella n. 46. Alle pressanti richieste di aiuto italiano perché la Germania accelerasse l'intervento in Albania, il 1° febbraio il generale von Rintelen, consegnò un promemoria al Comando Supremo, in cui affermava: "*Noi non possiamo, purtroppo, accelerare in alcun modo il nostro intervento contro la Grecia, attraverso la Bulgaria. Ogni accelerazione, ogni precipitazione potrebbe riuscire di grave danno al successo che sta tutto in una rigorosa e sistematica preparazione. A questo proposito, i vostri contrattacchi in Albania, fatti con truppe appena sbarcate in terreno sconosciuto e difficilissimo, e senza adeguata preparazione, sono più dannosi per voi, che per il nemico*". Cfr., ASMEUS, fondo *L 13*, cartella n. 46.

*Tali forze germaniche servirebbero quale massa di manovra in Albania per il caso di nuovi periodi di crisi. Il loro compito principale, però, sarebbe di facilitare poi all'Esercito Italiano l'offensiva.*

*- Al X° Corpo Aereo Tedesco rimarrà destinata, quale base principale la Sicilia. Esso, però, avrà anche il compito di approntare delle basi di appoggio nella Tripolitania per poter essere impiegato anche contro le basi navali inglesi sulla costa della Cirenaica. Sarà necessaria la dichiarazione di una zona sbarrata fra la Sicilia e la costa africana settentrionale, onde ottenere la piena efficienza del X° Corpo Aereo Tedesco e per evitare incidenti politici che potrebbero nascere da possibili attacchi contro navi neutrali.*

*Tali navi dovrebbero passare per lo Stretto di Messina.*

*- Ufficiali germanici giungeranno tra poco in Albania in Volo. Si prega di mettere a loro disposizione tutti i mezzi per le loro ricognizioni e di dare loro tutte le informazioni necessarie da parte del Comando Italiano in Albania.*

Dopo aver portato questo documento alla visione di Mussolini, ed ottenuto il suo consenso, il generale Guzzoni dette la sua risposta al generale von Rintelen, con il foglio n. 5390/Op, del 12 gennaio, dall'oggetto "Invio di unità tedesche in Albania e in A.S.", comunicando:[59]

*Questo Stato Maggiore Generale prende atto con compiacimento degli ordini impartiti dal Führer circa l'approntamento della unità germanica motorizzata per la Libia. Al momento opportuno e a seconda della situazione saranno determinate, d'accordo naturalmente con l'O.K.W. le modalità di avviamento e il luogo dell'impiego.*

*L'approntamento della divisione alpina tedesca per l'Albania. Per l'invio di ulteriori forze potrà essere presa una decisione dopo l'esito ricognizioni da parte di ufficiali tedeschi, le loro consultazioni con il Comando Superiore in Albania e con questo Stato Maggiore Generale.*

*La questione del divieto di passaggio attraverso il Canale di Sicilia è allo studio da parte dei Ministri competenti i quali tengono al corrente il decimo C.A.T [X Corpo Aereo Tedesco]. Debbono essere ancora definiti i limiti precise entro i quali la navigazione del Canale di Sicilia dovrà essere interdetta.*

Nel contempo la situazione in Albania costrinse Mussolini, anche per motivi di dignità, a non ricercare per l'Italia accordi che non portassero alla resa della Grecia. Ma si rendeva anche conto che a dettare le condizioni era Hitler. Ormai divenuto l'arbitro indiscusso della politica balcanica dell'Asse, e pronto con la sua potenza militare a prendere le redini anche di quella libico-mediterranea, il Führer praticamente imponeva al Duce le misure militari *"assolutamente necessarie e cioè da accettare ed eseguire senza discussione alcuna"*.[60]

---

[59] *Ibidem.*
[60] *Ibidem.*

Ciò fu dimostrato in una riunione ad alto livello politico-militare, tenutasi il 19 e 20 gennaio 1941 a Berchtesgaden, durante la visita di Mussolini al Berghof (la "Tana del lupo") la residenza privata di Hitler sulle montagne presso Salisburgo. Il generale Guzzoni, che insieme al conte Ciano faceva parte del seguito del Duce, si incontrò con il feldmaresciallo Keitel e il generale Jodl, esponendo la tragica situazione di tutti e quattro i settori operativi terrestri in cui stavano operando le Forze Armate italiane (Albania, Africa Settentrionale, Africa Orientale italiana, e difesa del Dodecaneso), e sollecitò gli aiuti promessi dall'OKW; in particolare la divisione Alpina da inviare in Albania, e la 5ª Divisione Leggera in approntamento per il trasferimento in Libia, previsto verso la metà di febbraio, e inserito tra quello del trasporto marittimo di due divisioni italiane, la corazzata Ariete e la motorizzata Trento.

L'indomani, giorno 20, si verificò l'incontro con il Führer, che fece ai rappresentanti italiani un esposizione ampia e molto articolata sulla situazione generale politica militare, esprimendola, come ha scritto Ciano, *"con una maestria singolare. I nostri militari ne sono impressionati"*, tanto che lo stesso generale *"Guzzoni rileva con sorpresa la profondità della conoscenza militare di Hitler"*. Una verità, quest'ultima, che parecchi storici - specialmente italiani per comprensibile odio ai nazisti - hanno sempre cercato di minimizzare, rappresentando il Führer come un'incompetente in materia, se non addirittura un pazzo.

Hitler, dopo aver fatto un ampio e articolato quadro della situazione politica, mettendo in risalto le possibilità che si offrivano all'Asse con l'eventuale entrata in guerra della Spagna, e la minaccia rappresentata dall'Unione Sovietica alle spalle della Germania, affrontò i problemi che più stavano a cuore per gli italiani. Parlò dello schieramento di forze tedesche che si stava realizzando nei Balcani per l'attacco alla Grecia previsto nel corso del mese di marzo, e confermando l'urgente approntamento per la Libia della 5ª Divisione leggera.

Tuttavia, riguardo all'Albania, il Führer si mostrò contrario all'invio della divisione alpina, temendo che un suo intervento in combattimento contro i greci, avrebbe indotto i britannici ad attaccare con i loro velivoli da bombardamento gli impianti petroliferi romeni di Ploesti. Ritenendo che era meglio di tenere la divisione approntata, per poi impiegarla al momento opportuno dell'intervento tedesco contro la Grecia, il Führer, mostrandosi sempre più preoccupata della presenza delle basi aree dell'Isola di Creta, su cui si erano installati gli aerei britannici, *"si soffermò ad esaminare le possibilità che potrebbero avere unità da bombardamento tedesche in Egeo con caccia italiana"*.[61]

Sul verbale tedesco delle discussioni, riguardo alle *"considerazioni sull'apprezzamento italiano della situazione"*, derivante dall'esposizione fatta ai Capi dell'OKW dal generale Guzzoni, è scritto in forma molto pessimistica:[62]

---

[61] ASMEUS, *"Diario Storico del Comando Supremo"*, documenti, gennaio 1941. Per la conquista di Creta vedi, Francesco Mattesini, *La Battaglia di Creta Maggio 1941, Il contributo delle Forze Armate italiane*, Saggio in Collana SISM e Academia Edu.

[62] Traduzione del Documento C-134 (*Atti di Norimberga*), Allegato 1 al documento OKW/WFSt (41) Segretissimo.

*1. Albania: Molto improbabile che gli italiani potranno radunare nel tempo previsto le forze necessarie ad un attacco. E' perciò da porre a bilancio il concorso di un attacco tedesco contro la Grecia dalla Bulgaria.*

*2. Libia: Non può ancora dirsi se la Cirenaica potrà essere tenuto o no. A meno di radicali mutamenti della situazione, non è da temere la perdita di Tripoli, tanto più che da Maggio in poi le operazioni su larga scala non saranno più possibili a causa del caldo [sic].*

*3. Africa Orientale: Non si può valutare la durata della resistenza in caso di un'offensiva britannica.*

*4. Dodecaneso: Non c'è da aspettarsi alcuna resistenza significativa in caso di attacco. Non si può fare conto sull'azione offensiva delle forze italiane colà dislocate contro trasporti britannici verso la Grecia.*

Era questa descritta la triste situazione dei fronti italiani nel momento in cui il X Fliegerkorps cominciava ad operare nel Mediterraneo.

Come giustamente ha scritto il generale Emilio Canevari, "*Le riunioni di Berchtesgaden nelle quali, per la prima volta, si attuò la collaborazione italo-tedesca segnarono la rinuncia a quella "guerra parallela" che si era fantasticata a Roma*", con l'attacco alla Grecia.[63]

Indubbiamente la colpa del disastro di quella campagna era interamente da addebitare a Benito Mussolini, e al suo desiderio che l'Italia, pur nell'alleanza con la Germania, combattesse indipendentemente la propria guerra, contro un suo nemico e per il suo avvenire. Con ciò, attaccando la Grecia in contrasto con il desiderio della Germania di evitare una crisi nei Balcani, egli distrusse gli sforzi compiti in diciotto anni di ottima costruzione politica. Mussolini, che non amava "*presentarsi al Führer sotto il peso dei numerosi insuccessi non riscattati almeno parzialmente*",[64] si era recato a Berchtesgaden per un incontro che aveva rimandato di giorno in giorno, ritenendolo troppo difficile e pericoloso, e poi accettato dopo aver incitato il Comando di Tirana a passare dalla difesa di un fronte traballante, sotto le spallate dei greci, ad una impossibile offensiva. Non essendosi realizzata l'offensiva, perché il generale Cavallero era impegnato a tamponare le falle che si aprivano lungo il fronte albanese, il Duce, che soffriva di ulcera allo stomaco, era stato costretto a presentarsi davanti a Hitler nel peggiore dei modi: a disagio, irrequieto e in condizioni manifeste di inferiorità.

Tuttavia, nel corso dei colloqui, discussioni private, il Führer, mostrando amichevolmente di non dare molto peso alle sventure di Mussolini, ed evitando di mortificarlo con accuse o recriminazioni perché lo considerava un alleato e amico fedele e sincero, si impegnò in prima persona a liquidare, verso la fine di marzo, la questione greca, e poi ad occuparsi a sostenere l'Italia contro i britannici in Libia e

---

[63] Emilio Canevari; "*La guerra italiana. Retroscena della disfatta*", volume secondo, Roma, Tosi, 1949, p. 337.

[64] Galeazzo Ciano; "*Diario 1937-1943*", Milano, Rizzoli, 1980, p. 496.

nel Mediterraneo. Ma queste premesse, pur mascherate dalla comprensione e da una sincera amicizia del Führer, indispettirono profondamente il Duce, aumentandone la frustrazione e la gelosia, poiché si rendeva conto, per la propria debolezza, di essere costretto ad accettare, senza possibilità di contrasto, ogni decisione che gli era imposta dall'alleato.

Tornando a quanto scritto da Canevari, questo, con molto acume, arrivò alla seguente e condividibile conclusione:[65]

*E spiegabile se non giustificabile come Mussolini sia stato restio a piegarsi al sistema di collaborazione con i tedeschi mentre fino allora non solo non ne aveva voluto sapere, ma aveva condotto la guerra in evidente concorrenza con il Reich, in sordo antagonismo con esso. Vi era in ciò qualcosa di personale: un complesso di gelosia di fronte al Führer tedesco, ma soprattutto egli valutava il potenziale italiano assai superiore di quanto non fosse ... Mussolini aveva sempre negato che il nostro potenziale fosse inferiore a quello tedesco ora doveva a denti stretti riconoscerlo assai inferiore in tutti i campi _ ed ora si vedeva costretto ad implorare l'aiuto proprio dal Reich.*

Sui colloqui di Berchtesgaden abbiamo anche la testimonianza di uno dei protagonisti: il generale Enno von Rintelen, ufficiale di collegamento dell'OKW a Roma, che avendo accompagnato al convegno la delegazione italiana, facendo anche da interprete, ha scritto:[66]

*Il colloquio al Berghof del 19/20 gennaio aveva segnato la parola "fine" sotto la pagina della "guerra parallela" italiana. Mussolini aveva dovuto accettare l'aiuto tedesco, e, spinto dalla necessità, aderire alle proposte tedesche per l'ulteriore condotta della guerra. Ma Hitler trattava il suo amico con abilità, e aveva saputo non urtare la sua sensibilità. Così egli non stabilì condizioni e pretese una "Direzione superiore tedesca della guerra": Egli voleva dirigere la guerra nel settore italiano valendosi dell'influenza personale di Mussolini. Respinse dunque una proposta di Mackensen [l'Ambasciatore di Germania a Roma] di inviare a Roma un Maresciallo germanico, per reggere quasi esclusivamente l'alto comando.* [67] *Per conseguenza toccò a me, come ufficiale di collegamento il compito e la responsabilità di perseguire una collaborazione quanto possibile buona ed efficiente dei due alti comandi.*

---

[65] *Ibidem*, p. 338.

[66] Enno von Rintelen, *"Mussolini l'alleato"*, Corso, Roma, 1952, p. 118.

[67] Andreas Hillgruber ha scritto: "Da allora in poi la condotta della guerra dell'Italia fu inserita nel vasto quadro della strategia globale tedesca, anche se Hitler respinse la proposta di von Ribbentrop del 9 gennaio di esercitare su di essa una diretta e decisiva influenza _ Hitler non voleva fare nulla che potesse offendere Mussolini e danneggiare così la fiducia reciproca fra i capi di stato, nella quale egli vedeva il più prezioso anello di collegamento dell'Asse. Cfr. Andreas Hillgruber, "La Strategia Militare di Hitler", cit., p. 390.

Ne conseguì che, al rientro a Roma in treno, un rassicurato Mussolini si mostrò, come ha scritto von Rintelen, alquanto soddisfatto dell'incontro con Hitler, che lo aveva trattato in modo molto amichevole ed affettuoso, anche se la partecipazione delle Forze Armate germaniche alla guerra nel Mediterraneo significava che quest'area cessava dall'essere riserva italiana.[68] Ma l'euforia del Duce dovette durare assai poco perché l'indomani, 22 gennaio, arrivò la notizia della caduta di Tobruk, che rimetteva in discussione la tempestività dell'intervento della 5ª Divisione Leggera tedesca, prima di un eventuale arrivo a Tripoli delle truppe britanniche.

Altri importanti argomenti delle discussioni di quei giorni riguardarono la chiusura ermetica del Canale di Sicilia, da realizzare secondo quelli che erano i desideri dei tedeschi.

Il 20 dicembre, per incarico del maresciallo Goring, il generale Hans Jeschonnek, Capo di Stato Maggiore della Luftwaffe, riferì all'Addetto Aeronautico italiano a Berlino, colonnello Giuseppe Teucci, che il Governo di Roma doveva dichiarare ufficialmente chiuso il Canale di Sicilia, consentendo al traffico mercantile dei paesi neutrali di transitare esclusivamente per lo Stretto di Messina. Questa proposta era già stata avanzata negli accordi intercorsi a Roma tra il generale Francesco Pricolo, Sottosegretario e Capo di Stato Maggiore della Regia Aeronautica, e il feldmaresciallo Erhard Milch, Ispettore Generale della Luftwaffe, ma da parte tedesca si pretendeva fosse messo bene in chiaro nella dichiarazione che i trasgressori a quella norma l'avrebbero fatto "a loro rischio e pericolo". Jeschonnek aggiunse "*che senza una tale dichiarazione da parte dell'Italia le forze aeree tedesche in Mediterraneo non potrebbero agire con la necessaria libertà d'azione*".[69] Il testo di questo colloquio, fatto pervenire, quello stesso giorno 20, dal
colonnello Teucci al Gabinetto del Ministro dell'Aeronautica, implicando nell'attività di controllo le unità della Regia Marina, fu comunicato per telefono all'ammiraglio Campioni, Sottocapo di Stato Maggiore della Marina, alle ore 12.00 del 22 dicembre.

I tedeschi intendevano creare nel Mediterraneo una zona vietata alla navigazione, estesa tra l'Isola di Minorca (Baleari) e l'Isola di Creta, per dare al X Fliegerkorps, nei suoi compiti offensivi, "*la possibilità di attaccare, senza preavviso e senza necessità di riconoscerne la nazionalità*", qualunque nave vi fosse transitata. In tal modo si sarebbero evitati equivoci nei confronti di unità da carico appartenenti a nazioni neutrali, che da parte loro, per transitare nei due sensi dal Mar Tirreno allo Ionio, avrebbero dovuto seguire rotte passanti per lo Stretto di Messina, e lungo le coste della Grecia, nazione con la quale la Germania non era ancora in guerra.[70]

---

[68] Enno von Rintelen, "*Mussolini l'alleato*", cit., p. 118.
[69] ASMAUS, "Zone vietate alla navigazione nel Mediterraneo", fondo *OG 6*, cartella 91.
[70] *Ibidem*.

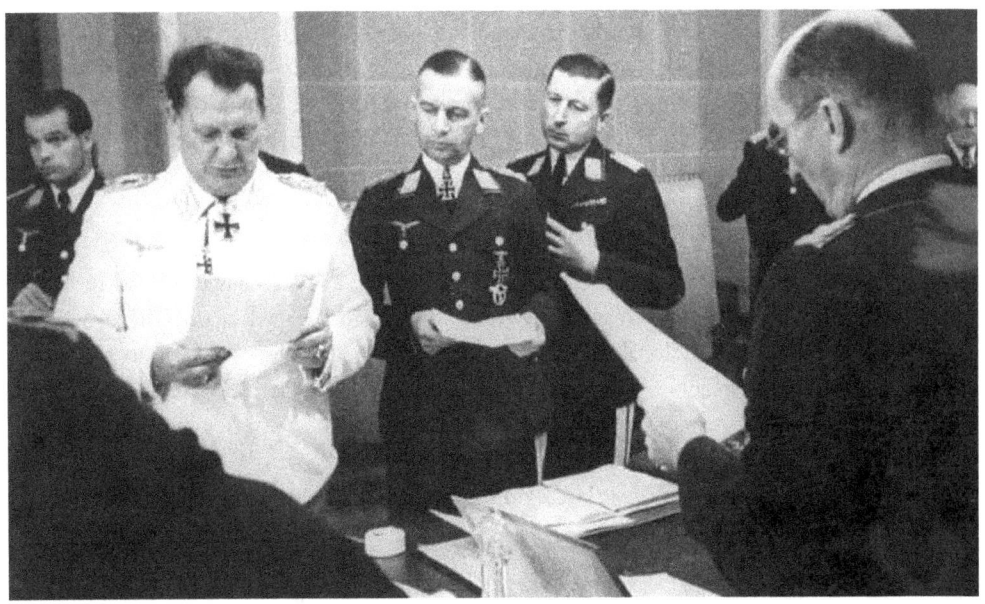

In divisa bianca il Comandante in Capo della Luftwaffe maresciallo del Reich Hermann Göring con accanto il generale Hans Jeschonnek, Capo di Stato Maggiore della Luftwaffe.

In questa immagine di anteguerra il feldmaresciallo Erhard Milch che ha alla sua sinistra il generale Giuseppe Valle, allora Capo di Stato Maggiore della Regia Aeronautica.

L'idea che il traffico neutrale dovesse transitare nelle acque elleniche fu contestata dal Capo di Stato Maggiore della Regia Aeronautica. Infatti, scrivendo il 4 gennaio 1941 a Supermarina, il generale Pricolo, fece presente che la questione doveva essere regolarizzata con norme molto precise, poiché per l'Italia era essenziale agire in quella zona per attaccare le navi nemiche che vi transitavano e quelle neutrali esercitanti il contrabbando di guerra.[71]

Supermarina, da parte sua, presentò altre obiezioni, dal momento che nelle zone di transito proposte dai tedeschi per il traffico neutrale, si incrociavano le rotte italiane ed anche quelle francesi autorizzate ad esercitare il traffico con il Nord Africa e la Siria. Ragion per cui, dopo che alcuni rappresentanti della Regia Marina si erano riuniti con quelli di Superaereo e del X Fliegerkorps, il 28 gennaio fu concordato che il naviglio neutrale, passando da un bacino all'altro del Mediterraneo, sarebbe transitato per gli stretti di Bonifacio e di Messina, e per le zone di Otranto e di Rodi, ove i mercantili avrebbero ricevuto istruzioni sulle rotte da seguire per raggiungere le loro destinazioni.[72]

L'ammiraglio Campioni, Sottocapo di Stato Maggiore della Regia Marina, ripreso sulla corazzata *Giulio Cesare* il 9 luglio 1940 nel giorno della battaglia di Punta Stilo. Dopo la deludente battaglia di Capo Teulada del 27 novembre 1940, fu sostituito nel Comando della Squadra Navale dall'ammiraglio Angelo Iachino, è fu destinato a Supermarina con l'incarico di Sottocapo di Stato Maggiore della Marina.

---

[71] *Ibidem.*
[72] *Ibidem.*

Due velivoli S. 79 della 58a Squadriglia del 32° Gruppo del 10° Stormo Bombardamento Terrestre, che operavano in Libia, volano a bassa quota sul mare mentre si avvicinano ad una costa con alta scogliera.

Queste disposizioni, approvate dal Comando del X Fliegerkorps e da Superaereo, e quindi il 5 febbraio portate a conoscenza dei paesi belligeranti e neutrali con un apposito "*Avviso ai naviganti*", furono ritenute da Supermarina di natura soddisfacente perché non vincolavano in alcun modo le operazioni delle forze aeree e navali italiane lungo le coste elleniche.[73]

Un'altra importante questione presa in considerazione dai tedeschi nel mese di febbraio fu quella di invadere e impossessarsi di Malta, che costituiva una spina sul fianco delle comunicazioni navali con la Libia in un momento in cui all'inizio di febbraio si stava profilando la perdita di tutta l'Africa settentrionale italiana.

Il generale Alfred Jodl, capo dell'organo operativo dell'OKW, che agiva sempre in base alle direttive del Führer, per rendere sicuro il fianco sud dell'Europa occupata dai tedeschi durante l'operazione Barbarossa, aveva incaricato la dipendente Sezione L (Luftwaffe), comandata dal generale Walter Warlimont, di stabilire se dal punto di vista strategico fosse stato più importante impadronirsi di Malta o di Creta. Lo stesso Hitler il 14 febbraio chiese lo stesso interessamento al maresciallo Göring, che incaricò la Sezione L dell'OKW di effettuare un piano di aviosbarco con le truppe aviotrasportate tedesche dell'XI Fliegerkorps. Ma lo studio che ne seguì, il quale prevedeva l'impiego della 7ª Divisione paracadutisti e della 22ª Divisione di fanteria aviotrasportata sotto la direzione dell'Alto Comando della Luftwaffe (OB.d.L), mentre alla Marina italiana sarebbero stati richiesti compiti di secondo piano, fu considerato allora di difficile attuazione, e fu giudicato che il progetto di

---

[73] *Ibidem.*

invadere Malta fosse risolto soltanto dopo l'esito della campagna di Grecia, compresa la conquista di Creta, e l'attacco all'Egitto. Ciò era negli intendimenti del Führer che, essendo intenzionato ad invadere la Russia, era convinto di dover sviluppare un'azione strategica quanto più possibile verso oriente, attribuì un'importanza molto maggiore a Creta, anche perché quest'isola, oltre a chiudere il mare Egeo, *"costituiva un trampolino verso un ulteriore balzo verso l'area di Suez*.[74]

Il generale Walter Warlimont, l'ultimo del tavolo, durante una discussione sulla situazione dell'operazione "Barbarossa" spiegata dal Capo di Stato Maggiore dell'Esercito tedesco generale Walther von Brauchitsch che ha alla sua destra Hitler e il feldmaresciallo Wilhelm Kaitel.

In effetti, occorre dire che sebbene la conquista di Malta avrebbe portato l'Asse al controllo del Mediterraneo centrale, con notevole beneficio per la difesa delle rotte Libiche, il possesso di Creta - con la base navale di Suda che era un importantissimo scalo di rifornimento per la Mediterranean Fleet e per agevolare il passaggio dei convogli britannici diretti a Malta da levante - era in quel momento altrettanto importante, se non di più, di quello di Malta. L'isola di Creta, infatti, offriva ai tedeschi la possibilità di controllare il Mare Egeo, da dove cominciava ad affluire in

---

[74] B.H. Liddell Hart, *Storia di una sconfitta, Parlano i generali del III Reich*, Milano, Rizzoli, 1973, p. 272-274; Correlli D. Barnett, *I generali di Hitler*, Milano, Rizzoli, 1998, p. 544; Andreas Hillgruber, *La Strategia militare di Hitler*, Milano, Rizzoli, 1986, p. 518-519; Francesco Mattesini, *L'attività aerea italo-tedesca nel Mediterraneo. Il contributo del "X Fliegerkorps"*, Gennaio - Maggio 1941,, cit., p. 240-243.

Francesco Mattesini, *L'attività aerea italo-tedesca nel Mediterraneo. Il contributo del "X Fliegerkorps"*, Gennaio -Maggio 1941, cit., p. 243.

Italia dal Mar Nero, passando per i canali dei Dardanelli e di Corinto, il traffico delle petroliere provenienti dal porto rumeno di Costanza. Offriva inoltre un sensibilissimo vantaggio reciproco, per tedeschi e italiani, per la guerra aeronavale nel Mediterraneo orientale, ed un insostituibile trampolino per l'appoggio all'offensiva del generale Erwin Rommel, Comandante dell'Afrika Korps, verso l'Egitto. In definitiva il possesso di Creta permetteva di eliminare ogni potenziale pericolo alle spalle dello schieramento terrestre tedesco che si estendeva dalla Finlandia al Mar Nero. E questa considerazione nella realizzazione dell'operazione "Barbarossa" era un elemento determinante.

## LA CONQUISTA DELLA GRECIA E DELLA IUGOSLAVIA

Sfumata, anche per l'ingerenza della Gran Bretagna, la possibilità di arrivare ad un accordo di pace tra l'Italia e la Grecia, l'operazione "Marita" doveva iniziare nel momento più favorevole subito, dopo il disgelo del mese di marzo 1941. E ciò comportò, da parte tedesca, di intavolare accordi diplomatici che, con promesse anche territoriali, portarono la Romania e la Bulgaria (a cui fu accordata la cessione della Tracia e uno sbocca all'Egeo da concedere dopo la conquista della Grecia) ad entrare nel Patto Tripartito; e fu tacitamente garantita la neutralità della Turchia che, al pari della Russia, era contraria alla presenza di truppe tedesche nei Balcani, con l'impegno che queste ultime non si sarebbero avvicinate a meno di 50 km dai suoi confini. Dopo questi indubbi successi diplomatici di Hitler, ebbe quindi inizio il difficile trasporto in Bulgaria, attraverso la Romania, di circa mezzo milione di uomini, con un'imponente massa di armi e di mezzi, e di una forte aviazione; e ciò avvenne tra le proteste dell'Unione Sovietica per la violazione della sua zona di sicurezza, ma che però, come aveva previsto il Führer, non mosse un dito.

Nel frattempo Hitler tentò ancora di convincere la Jugoslavia ad entrare nel Patto Tripartito, garantendo al principe Paolo II (Karadordević), che in marzo si recò per due volte segretamente a Berchtesgaden, la piena indipendenza, l'integrità territoriale, e la cessione di Salonicco dopo la guerra alla Grecia. Proposte che anche il Duce si era detto pronto ad accettare, sebbene a denti stretti. Fu anche promesso che nessun soldato tedesco avrebbe attraversato la Jugoslavia, né sarebbe stata fornita a Belgrado assistenza militare dalla Germania. Il principe Paolo, condizionato dai sentimenti filo britannici di una Belgrado controllata dai Serbi - e dovendo fare i conti anche con i sentimenti di odio degli jugoslavi nei confronti di Mussolini e degli italiani che intendevano privare la nazione di altri territori dopo quelli ricevuti con il trattato di pace del 1919 - prese tempo, con la promessa che il patto sarebbe stato firmato, senza però stabilirne la data.

Da sinistra, il Principe Paolo II di Jugoslavia e il Principe Umberto di Savoia all'inaugurazione della Mostra Medicea a Firenze il 15 maggio 1939.

Paolo era convinto che, resistendo a Hitler, la Jugoslavia sarebbe stata sopraffatta in due settimane. Tuttavia pensò seriamente a sfidare il cancelliere tedesco, saggiando quali fossero le possibilità di aiuto della Gran Bretagna. Ai primi di marzo, al rientro da Berchtesgaden, inviò segretamente ad Atene un ufficiale dello Stato Maggiore, che s'incontrò con un rappresentante di Sua Maestà in casa del famoso scultore Ivan Mestrovic. La risposta ad una richiesta di aerei della RAF, da inviare in Croazia, e alla possibilità che un corpo di spedizione britannico potesse raggiungere la Serbia, senza che la Germania ne tagliasse le vie di comunicazioni, furono ritenuti dal rappresentante britannico irrealizzabili. Aggiunse che da parte Jugoslava poteva essere presa l'iniziativa contro gli italiani, avanzando in Albania per impadronirsi dei loro grandi depositi d'armi. Il suggerimento fu ritenuto attuabile a Belgrado, e nelle tre settimane successive, la 3ª Armata jugoslava, avanzando tra i monti, accerchiò l'Albania, costringendo gli italiani a sottrarre truppe al fronte greco per difenderne, in caso di attacco, i confini settentrionale e orientale.[75]

---

[75] A. Palmer, *Operazione punitiva*, in *Storia della seconda guerra mondiale*, Milano, Rizzoli-Purnell, 1967, p. 26.

Lo scultore jugoslavo Ivan Mestrovic.

Quando l'operazione "Marita", fissata per il 1° aprile, stava ormai per scattare, la sua realizzazione fu complicata proprio dagli avvenimenti che si verificarono in Jugoslavia. Ciò avvenne per un improvviso colpo di stato, realizzato alla fine di marzo, dopo che il principe Paolo, al termine di una tormentata riunione in cui fu discusso il dilemma pace-guerra, aveva annunciato al Consiglio della Corona che la Jugoslavia avrebbe aderito al Patto Tripartito, generando con ciò le proteste interne dell'opinione pubblica, a cui fecero seguito le pressioni internazionali, in particolare di Washington e di Londra. Seguì, dopo tre mesi di temporeggiamenti che esaurirono la pazienza di Hitler, un *ultimatum* di cinque giorni al principe Paolo per conoscere, entro la sera del 23 marzo, la data di arrivo dei delegati jugoslavi che dovevano recarsi a Vienna per la firma del patto. In una cerimonia cupa e deprimente, come la considero lo stesso Hitler, il Patto fu regolarmente siglato il mattino del 25 dal Primo Ministro Dragisa Cvetkovic, con il quale il Führer si complimentò cordialmente, promettendo di essere un leale alleato.

L'indomani, 26 marzo, dopo che la delegazione jugoslava era rientrata a Belgrado, il Governo fu rimosso dal colpo di stato degli ufficiali dell'Esercito e dell'Aviazione. Questi ultimi erano guidati, come organizzatore della rivolta, dal generale serbo dell'Aviazione Bora Mirkovié, che aveva l'appoggio del suo comandante in capo Dusan Simovié. Il colpo di stato, con l'occupazione dei punti chiave di Belgrado, avvenne senza sparare un colpo, tanto era condivisa la linea di condotta dei rivoltosi, come dimostrarono le scene di giubilo di gente in festa, l'agitare di bandiere britanniche, statunitensi e francesi, e l'apparire di ritratti di Roosevelt e di Churchill. I membri del vecchio regime furono arrestati, e il principe reggente Paolo costretto a ritirarsi in Grecia e a lasciare il giovane nipote re Pietro II il compito di governare la nazione, assecondando il volere degli ufficiali dissidenti.

Il generale Dusan Simovic', Capo di Stato Maggiore dell'Esercito Jugoslavo, e poi, dopo il colpo di stato del 26 marzo 1941, Capo dello Stato.

Alla soddisfazione riscontrabile a Londra e a Washington, seguì a Belgrado, dopo l'instante d'euforia, il riscontro della realtà. Né i britannici, e tanto meno gli americani, erano in grado di aiutare la Jugoslavia da un'azione punitiva di Hitler, alle cui minacce si erano subito aggiunte quelle di Mussolini. Il nuovo governo jugoslavo dell'ex Capo di Stato Maggiore Dusan Simovic', volendo evitare una guerra disastrosa con la Germania e con l'Italia, che ammassavano truppe ai suoi confini, il 30 marzo annunciò di rimanere fedele al Patto Tripartito. Ma era ormai troppo tardi. Hitler aveva considerato il patto sottoscritto come inviolabile, e il colpo di stato di Belgrado, che egli considerò un'inaccettabile provocazione da elementi di cui non poteva assolutamente fidarsi, lo aveva fatto irritato a tal punto da dichiarare ai suoi fedelissimi di voler *"schiacciare la Jugoslavia militarmente e politicamente − e di cancellarla per sempre"*.[76]

Le minacciose affermazioni del Führer furono espresse ai suoi capi di Stato Maggiore, presente il Ministro degli Esteri von Ribbentrop, nel pomeriggio del 27

---

[76] *Storia del nazismo. La conquista dei Balcani*, cit., p. 32.

marzo alla Cancelleria del Reich. Nello stesso tempo erano invitati alla collaborazione Italia, Ungheria e Bulgaria. Quindi nel pomeriggio di quello stesso giorno, alle 04.00, Hitler firmò la Direttiva n. 25, che fissava una "*campagna lampo*" contro la Jugoslavia, che doveva realizzarsi parallelamente all'attacco contro la Grecia, rinviato dal 1° aprile al giorno 6, mentre l'"*Operazione Barbarossa*" doveva essere differita "*fino a un massimo di quattro settimane*". Nel ritardare l'attacco all'Unione Sovietica, che poi avrebbe avuto enormi conseguenze negative nell'avanzata verso Mosca, Hitler non poteva sottovalutare l'importanza di un regime militare a lui ostile in Jugoslavia; anche perché nell'attuazione dell'operazione "Barbarossa" vi era la possibilità, segnalata per prima ai membri di una missione tedesca da Re Boris di Bulgaria, di una minaccia al fianco destro della 12ª Armata germanica, schierata proprio in Bulgaria.

Pertanto, i Balcani, che erano stati definiti "*il cronico focolaio d'incendio dell'Europa*", ancora una volta stavano per esplodere, perché per la Germania "*un governo Jugoslavo ostile rappresentava una minaccia sia per la Marita sia per il Barbarossa*".[77]

All'intervento tedesco contro la Jugoslavia, molti storici – in gran parte ostili a Hitler per motivi ideologici, o prevenuti nei riguardi della Germania, o che tengono a sminuire l'importanza degli interventi diplomatici britannici nel colpo di stato di Belgrado, non hanno dato il giusto valore, sottovalutando le conseguenze che poi si ebbero per la Germania nello svolgimento della campagna di Russia. L'invasione della Jugoslavia ritardò indubbiamente, di almeno tre settimane, l'inizio dell'operazione Barbarossa, come giustamente ha messo in risalto il famoso storico britannico Liddell Hart, che scrisse:[78]

*L'improvvisa deflagrazione nei Balcani rese inevitabile il rinvio da maggio a giugno della campagna di Russia. In questo senso, è dunque innegabile che il colpo di stato di Belgrado influì sulla data d'inizio dell'offensiva hitleriana contro la Russia.*

Dopo aver ammassato forze in tutta fretta e stabilito accordi operativi con gli italiani – che schierarono alla frontiera Giulia la 2ª Armata del generale Vittorio Ambrosio, e altre unità dislocate nella zona di Zara e in Albania, il tutto sostenuto da numerosi reparti dell'Aeronautica e da unità della Marina – alle 04.00 del 6 aprile, giorno di Pasqua, le divisioni della Wehrmacht e gli stormi della Luftwaffe scattarono all'attacco della Jugoslavia, per l'operazione punitiva, che iniziò senza "*ultimatum*" o dichiarazione di guerra.[79] Partendo dall'Austria, e dalle nazioni amiche di Ungheria,

---

[77] A. Palmer, *Operazione punitiva*, in *Storia della seconda guerra mondiale*, cit., p. 18 e p. 28.

[78] B.H. Liddell Hart, *Storia militare della seconda guerra mondiale*, Milano, Mondadori, 5ª Edizione, 1974, p.185.

[79] Per i documenti riguardanti la preparazione e l'intervento italiano in Jugoslavia e in Grecia vedi le opere dell'Autore: *Le Direttive tecnico-operative di Superaereo*, Vol. 1° e 2°, SMAUS, Roma 1992; e *Corrispondenza e Direttive tecnico-operative di Supermarina*, USMM, Vol. 1° e 2°, Roma, 2000-2001.

Romania e Bulgaria, e dopo aver pesantemente bombardato dal cielo Belgrado con il piano in codice "Unternehmen Strafgericht" (operazione "Punizione"), a cui parteciparono 234 velivoli (160 bombardieri in quota e 74 bombardieri in picchiata), causando tra i civili 2.271 morti, i tedeschi ridussero in ginocchio e alla resa l'Esercito jugoslavo nello spazio di soli dieci giorni. E ciò avvenne con la modesta perdita per l'Esercito germanico di soli 151 uomini morti, 393 feriti e 15 dispersi.

Sopra, l'entrata delle truppe appiedate di un reggimento del Regio Esercito a Lubiana (Slovenia), che per due anni fu una provincia italiana con targa automobilistica LB. Sotto, l'aspetto doloroso e di umiliazione di alti ufficiali jugoslavi inviati a trattare la resa con i tedeschi.

Bersaglieri motociclisti si incontrano in Jugoslavia con un reparto tedesco.

Unità della marina jugoslava catturate dagli italiani a Cattaro nell'aprile 1941. Da sinistra, il posamine leggero Mljet, l'incrociatore leggero Dalmacija (ribattezzato Cattaro) e il posamine Meljine.

Contemporaneamente ebbe inizio l'operazione "Marita" contro la Grecia, che fino a quel momento aveva continuato a vanificare le sanguinose controffensive italiane in Albania, volute da un frustrato Mussolini, la cui vana speranza era stata quella di evitare un'altra umiliazione, piegando il nemico prima dell'intervento della Germania.

Anche l'offensiva contro la Grecia - in cui aiuto erano intervenuti i britannici schierando sul fronte della Macedonia quattro divisioni, sottratte alle operazioni in Libia e reparti di aviazione, con conseguenze poi disastrose al momento di fronteggiare l'offensiva in Cirenaica del generale Rommel iniziata alla fine di marzo
- ebbe un successo strepitoso.[80]

Un cannone tedesco in azione nella campagna di Grecia.

---

[80] E' stato rimproverato ai britannici di aver sguarnito la Cirenaica, ritirando le quattro divisioni inviate in Grecia, prima di aver conquistato anche la Tripolitania, dove, in aiuto agli italiani, stavano affluendo forze tedesche. Il trasferimento delle truppe in Grecia, che ebbe inizio il 4 marzo 1941 (operazione "Lustre"), rientrava nelle richieste di aiuto del Governo ellenico, che i britannici non potevano ignorare. Si vide poi che il trasferimento era stato un grave errore strategico, perché il 31 marzo l'Afrika Korps di Rommel, e le divisioni italiane della Tripolitania (tra cui la divisone corazzata *Ariete* trasferita urgentemente in Libia) attaccarono con decisione e, riconquistando Bengasi e accerchiando Tobruk, in poco più di due settimane riconquistarono l'intera Cirenaica, facendo prigioniero anche il generale O'Connor.

Aprile 1941 in Grecia. Un carro armato tedesco sorpassa una colonna di prigionieri britannici.

Il generale O'Connor, dopo essere stato catturato in Libia presso Tobruk, assieme ad altri ufficiali britannioci, conversa con un ufficiale tedesco. Era l'uomo che aveva praticamente distrutto l'Esercito italiano in Egitto e Cirenaica, facendo 130.000 prigionieri, ed ora finiva prigioniero in un campo di concentramento dell'Italia, a Pescara.

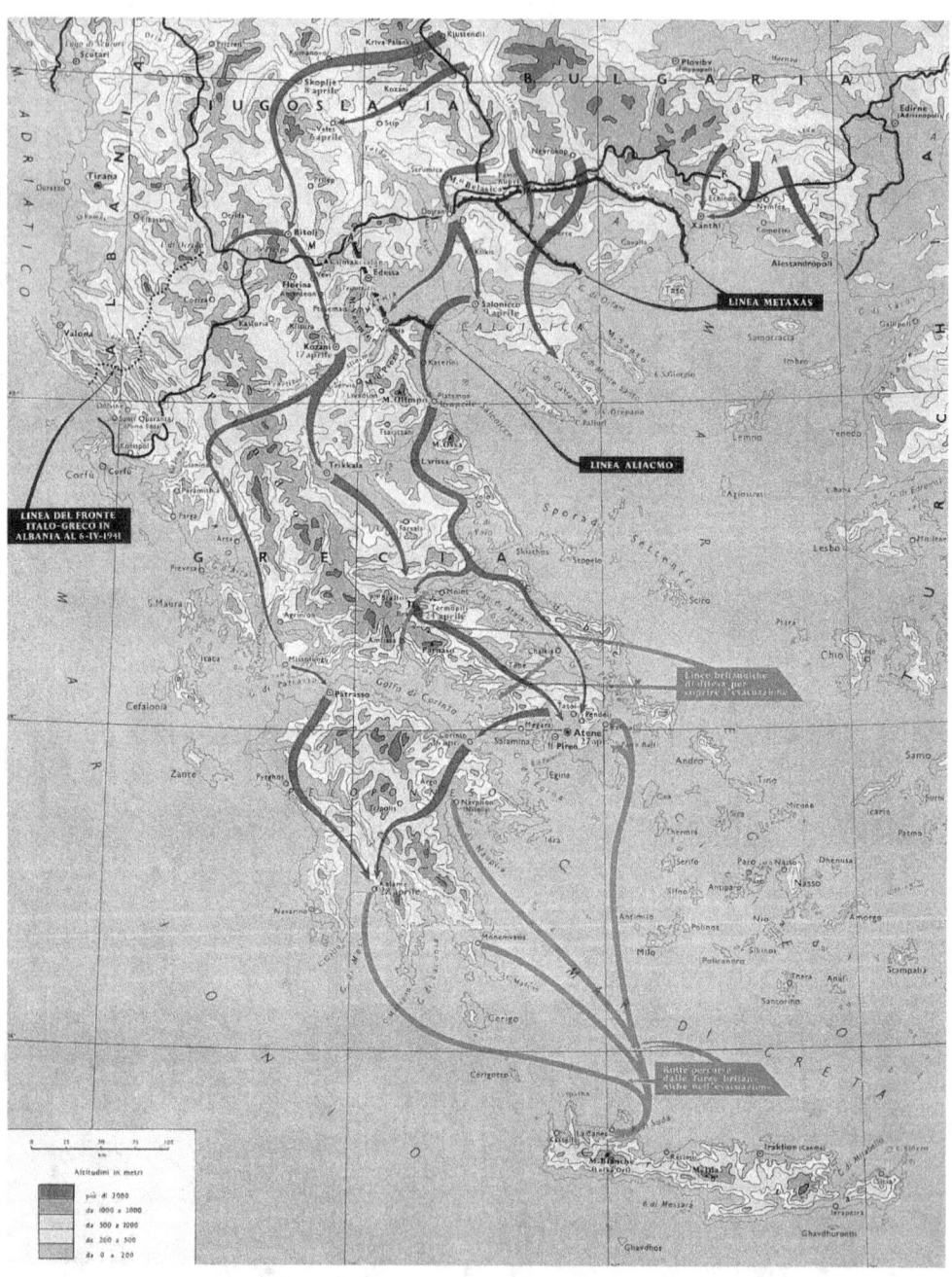

La travolgente avanzata delle truppe tedesche in Grecia dell'aprile 1941 e la ritirata a Suda delle truppe britanniche.

Maggio 1941. Hitler annuncia al Reichstag la fine della campagna dei Balcani, che era stata particolarmente sconsolante per l'Italia, che tuttavia ottenne il possesso importanti territori a scapito della Jugoslavia e della Grecia.

In sole tre settimane, al prezzo di appena 1.100 morti e circa 4.000 feriti, la valanga tedesca, partendo dai passi montagnosi dalla Bulgaria e dalla valle del Vandar in territorio Jugoslavo, riuscì ad isolare gran parte delle forze greche che difendevano la Tracia e quelle schierate contro gli italiani in Albania. Quindi i tedeschi, costringendo le forze britanniche all'evacuazione dalla penisola del Peloponneso per non essere a loro volta, accerchiate e distrutte, poterono conquistare l'intero paese continentale.[81] Agli italiani, e soprattutto ad un mortificato Mussolini, rimase soltanto il rammarico di aver dovuto combattere ancora in Albania, e il rimpianto doloroso di aver subito, nel corso di una durissima campagna invernale, un gran numero di caduti, di feriti e di congelati.

---

[81] Da parte tedesca parteciparono all'attacco congiunto contro la Jugoslavia e la Grecia le armate $2^a$ e $12^a$ e il $1°$ Gruppo corazzato, con un totale di ventiquattro divisioni, di cui nove corazzate e motorizzate, che includevano circa 1.200 carri armati. Vi era poi il sostegno di circa 800 aerei della $4^a$ Luftflotte. La Bulgaria vi contributi, a partire dall'11 aprile, con la $3^a$ Armata costituita da dieci brigate. L'Italia aveva in Albania ventitré divisioni nella $9^a$ e l'$11^a$ Armata, già impegnate contro la Grecia, a cui si aggiunsero alla frontiera orientale, contro la Jugoslavia, altre quindici divisioni inserite nella $2^a$ Armata. Complessivamente l'Italia mise in campo 38 divisioni, di cui una sola corazzata (Centauro) in Albania, e circa 320 aerei.

# SERIE DI FOTO SULLA CAMPAGNA DI GRECIA

▲ Ha inizio l'offensiva sul pesante terreno montagnoso al confine fra Grecia e Albania.

▲ ▼ Pioggia, freddo e terreno pesante al confine fra Grecia e Albania.

▲ Carristi italiani diretti verso il confine greco-albanese in vista dell'offensiva (Bundesarchiv)

▼ Aeroporti greci bombardati dai nostri aerei ni primi giorni dell'offensiva,

▲ Gruppo di commilitoni italiani nell'agosto 1940. Archivio privato della famiglia Riggio per concezione
▼ 6 Truppe greche in trincea nel settore del Kalamas

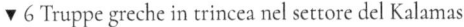

▲Operazioni oltre il confine greco albanese nel novembre 1940

▼ Una colonna di fanti greci in movimento sul terreno montuoso

▲ Prigionieri greci nel novembre 1940

▼ Acclamazioni delle popolazioni greche agli italiani

▲ Artiglieri italiani mettono in postazione un pezzo d'artiglieria fra le montagne greche.

▲ Artiglieria greca in azione

▼ Un soldato greco seduto sullo scafo di un carro L3 abbandonato durante la ritirata degli italiani dall'Epiro

▲ Una madre greca angosciata, saluta la partenza per il fronte di suo figlio.

▲ Alpini sciatori del "Monte Cervino" in Albania sul Mali Trebeshines con il caratteristico completo da neve bianco

▼ Un caccia italiano Fiat G.50, tra i velivoli più impiegati nella campagna

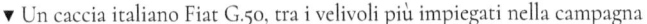

▲ Due ufficiali a colloquio di fronte alle truppe in Grecia nel novembre 1940

▼ Militari greci ad Argirocastro in Albania inverno 1940

▲ Movimento di truppe a Patrasso nella primavera 1941
▼ Soldati della milizia a Argostoli (Cefalonia) nella primavera 1941

▲ Truppe greche in trincea a Klisura nel marzo 1941

▼ Sbarco di reparti della milizia a Argostoli (Cefalonia) nella primavera 1941

▲ Incontro fra ufficiali italiani e tedeschi in Grecia.

▼ Un Panzer IV tedesco supera una colonna di prigionieri britannici e greci nell'aprile 1941

# Bibliografia

- Marc'Antonio Bragadin, La Marina italiana 1940-1945, Bologna, Odoya, 2011,
- Mario Cervi, Storia della guerra di Grecia, Milano, Rizzoli, 2005,
- Beppino Disertori e Marcella Piazza, Profilo patobiografico di Benito Mussolini, Rovereto, Accademia Roveretana degli Agiati, 1986.
- Andrea Lombardi (a cura di), L'ultima Blitzkrieg - Le campagne della Wehrmacht nei Balcani: Jugoslavia, Grecia e Creta, Genova, Effepi, 2008.
- Arrigo Petacco, La nostra guerra 1940-1945 - L'avventura bellica tra bugie e verità, Milano, Mondadori, 2001.
- Gianni Rocca, I disperati. La tragedia dell'Aeronautica italiana nella seconda guerra mondiale, Milano, Mondadori, 1993.
- Giorgio Rochat, Le guerre italiane 1935-1943, Milano, Einaudi, 2008.
- Montanari, Mario. La Campagna di Grecia. Roma: Stato Maggiore dell'Esercito. 1980
- James Sadkovich, La marina italiana nella seconda guerra mondiale, Milano, Feltrinelli, 2006
- Gerhard Weinberg, Il mondo in armi - Storia globale della seconda guerra mondiale, UTET, 2007.
- Brewer, David. Greece The Decade of War, Occupation, Resistance, and Civil War. London 2016
- Carr, John C. The Defence and Fall of Greece 1940–1941. Barnsley: Pen and Sword. 2013
- Carruthers, Bobb Blitzkrieg in the Balkans and Greece 1941. Barnsley: Pen and Sword 2013
- Fischer, Bernd Jürgen. Albania at War, 1939–1945. West Lafayette, IN: Purdue University 1999
- Mazower, Mark. Inside Hitler's Greece: The Experience of Occupation, 1941–44. London: Yale University Press. 2009.

# TITOLI GIÀ PUBBLICATI
# TITLES ALREADY PUBLISHING

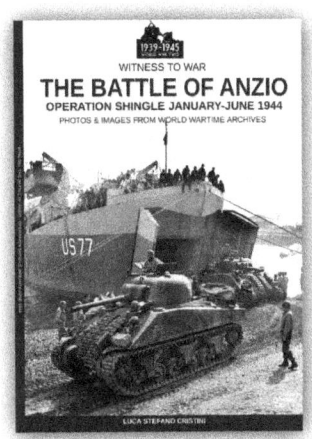

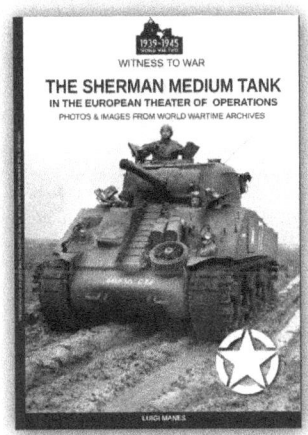

BOOKS TO COLLECT

www.ingramcontent.com/pod-product-compliance
Lightning Source LLC
LaVergne TN
LVHW081544070526
838199LV00057B/3773